U0542204

国家出版基金项目
NATIONAL PUBLICATION FOUNDATION

"一带一路"沿线国家教育政策法规研究丛书

新加坡、菲律宾、文莱、马来西亚
教育政策法规

主编 / 张德祥 李枭鹰

编译 / 王喜娟

大连理工大学出版社
Dalian University of Technology Press

图书在版编目(CIP)数据

新加坡、菲律宾、文莱、马来西亚教育政策法规 / 王喜娟编译. — 大连：大连理工大学出版社，2020.11
("一带一路"沿线国家教育政策法规研究丛书 / 张德祥，李枭鹰主编)
ISBN 978-7-5685-2293-9

Ⅰ.①新… Ⅱ.①王… Ⅲ.①教育政策—东南亚②教育法令规程—东南亚 Ⅳ.①D933.021.6

中国版本图书馆 CIP 数据核字(2020)第 075811 号

XINJIAPO FEILÜBIN WENLAI MALAIXIYA
JIAOYU ZHENGCE FAGUI

大连理工大学出版社出版
地址：大连市软件园路 80 号　　邮政编码：116023
发行：0411-84708842　　邮购：0411-84708943　　传真：0411-84701466
E-mail：dutp@dutp.cn　　URL：http://dutp.dlut.edu.cn
上海利丰雅高印刷有限公司印刷　　大连理工大学出版社发行

幅面尺寸：185mm×260mm	印张：12	字数：254 千字
2020 年 11 月第 1 版		2020 年 11 月第 1 次印刷

责任编辑：于　泓　　　　　　　　　　　　责任校对：白　璐
封面设计：奇景创意

ISBN 978-7-5685-2293-9　　　　　　　　　　定　价：84.00 元

本书如有印装质量问题，请与我社发行部联系更换。

总 序

共建"一带一路"是中国提出的伟大倡议,也是中国与"一带一路"沿线国家的共同愿望。"一带一路"倡议出自中国,却不只属于中国,而属于"一带一路"沿线所有国家,乃至全世界。中国是"一带一路"的倡导者和推动者,沿线所有国家是"一带一路"的共商者、共建者和共享者。

为推进共建"一带一路"伟大倡议,让古丝绸之路焕发新的生机与活力,以新的形式使亚欧非各国联系更加紧密,互利合作迈向新的历史高度,中国政府于2015年3月28日发布了《推动共建丝绸之路经济带和21世纪海上丝绸之路的愿景与行动》,强调"一带一路"是促进共同发展、实现共同繁荣的合作共赢之路,是增进理解信任、加强全方位交流的和平友谊之路。中国政府倡议,秉持和平合作、开放包容、相互借鉴、互利共赢的理念,全方位推进务实合作,打造政治互信、经济融合、文化包容的利益共同体、命运共同体和责任共同体。

为贯彻落实《推动共建丝绸之路经济带和21世纪海上丝绸之路的愿景与行动》,2016年7月13日中华人民共和国教育部牵头制定了《推进共建"一带一路"教育行动》。该文件指出,推进共建"丝绸之路经济带"和"21世纪海上丝绸之路",为推动区域教育大开放、大交流、大融合提供了大契机。"一带一路"沿线国家教育加强合作、共同行动,既是共建"一带一路"的重要组成部分,又为共建"一带一路"提供人才支撑。中国愿与沿线国家一道,扩大人文交流,加强人才培养,共同开创教育的美好明天。

自共建"一带一路"倡议提出至2019年8月底,已有136个国家和30个国际组织与中国签署了195份共建"一带一路"合作文件。"一带一路"是一个多极的和多文化的世界,无论是政治、经济、文化、教育、生态还是种族、民族、宗教、习俗等,不同国家或地区之间存在这样或那样的差异。因此,只有全面了解民间需求与广泛民意、消除误解误判,只有国家的学者、企业家、政府部门、民间组织和民众充分理解各国的国际关系、宗教信仰、历史文化、风俗习惯、法律法规和民心社情,才能更好地推动"一带一路"建设。也就是说,"一带一路"沿线国家建立政治互信、经济融合、文化包容的利益共同体、命运共同体和责任共同体,必须根基于沿线国家间的"文化理解或认同",而这又与教育尤其是高等教育的交流合作密切相关。

教育政策法规是了解一个国家教育发展状况和治理水平的重要窗口，是各国之间教育合作交流的基本依据。为此，教育部牵头制定的《推进共建"一带一路"教育行动》呼吁沿线国家"加强教育政策沟通"，即通过开展"一带一路"教育法律、政策协同研究，构建沿线各国教育政策信息交流通报机制，为沿线各国政府推进教育政策互通提供依据与建议，为沿线各国学校和社会力量开展教育合作交流提供政策咨询；积极签署双边、多边和次区域教育合作框架协议，制定沿线各国教育合作交流国际公约，逐步疏通教育合作交流政策性瓶颈，实现学分互认、学位互授联授，协力推进教育共同体建设。

大连理工大学切实贯彻《推进共建"一带一路"教育行动》的精神，精心谋划和大力支持"一带一路"教育研究。该校原党委书记张德祥教授带领课题组成员克服文本搜集、组建团队、筹措经费等多重困难，充分发挥学校高等教育研究院、"一带一路"高等教育研究中心、中俄暨独联体合作研究中心以及教育部国别和区域研究中心"独联体国家研究中心"的优势和特色，积极参与和服务于"一带一路"的推进和共建，编译"一带一路"沿线国家教育政策法规，并在国内率先开展"一带一路"沿线国家教育政策法规研究，具有很好的教育发展战略意识和强烈的服务国家发展战略的责任感和使命感。中国高等教育学会大力支持这项工作，将"'一带一路'国家高等教育政策法规研究"立项为 2016 年高等教育科学研究"十三五"规划重大攻关课题，并建议课题组首先聚焦于编译"一带一路"沿线国家的教育法、高等教育法以及教育中长期发展规划等，及时为国家推进共建"一带一路"教育行动搭建教育政策沟通桥梁。该课题组根据中国高等教育学会专家组的意见，组织力量，编译了这套《"一带一路"沿线国家教育政策法规研究丛书》。作为中国高等教育学界的一名老兵，看到自己的学生们带领国内一批青年学者甘于奉献、不辞辛劳、不畏艰难，率先耕耘在"一带一路"沿线国家教育研究这片土地上，我由衷地感到欣慰。同时，大连理工大学出版社全力支持这套丛书的出版，不遗余力地为丛书的出版工作提供支持，使这套丛书能及时出版发行。最后，我真诚地希望参与这项工作的师生们努力工作，高质量、高水平地把编译成果呈现给"一带一路"的教育工作者。

是为序。

潘懋元于厦门大学高等教育研究中心
2019 年 9 月 10 日

前　言

　　2015 年 3 月 28 日《推动共建丝绸之路经济带和 21 世纪海上丝绸之路的愿景与行动》和 2016 年 7 月 13 日《推进共建"一带一路"教育行动》的相继颁布,将"政策沟通"置于"五通"之首,让我们意识到编译《"一带一路"沿线国家教育政策法规研究丛书》的重要性和紧迫性。对我们来说,承担这一艰巨任务是一种考验,更是一种使命。

　　2016 年中国高等教育学会组织申报高等教育科学研究"十三五"规划课题,将"'一带一路'背景下我国高等教育国际化研究"列入重大攻关课题指南。我们在这个框架之下组织申报的"'一带一路'国家高等教育政策法规研究",获得了中国高等教育学会专家组的认可和支持,这对我们是极大的鞭策和鼓励。2016 年 11 月,我们认真筹备和精心谋划,参加了中国高等教育学会组织的开题论证工作,汇报了课题的研究设想。听取了专家组的宝贵意见后,我们及时调整了课题研究重心。我们考虑首先要聚焦于编译"一带一路"沿线国家教育政策法规,因为,我们对许多国家的高等教育政策法规还不了解,国内也缺乏这方面的资料。编译这些资料既可以为我们日后的研究打下基础,也可以为其他研究者和部门进行相关研究、制定政策提供基础性的资料和参考。于是,我们调整了工作思路,即先编译,然后再进行研究。同时,考虑到许多国家的高等教育政策法规常常包括在教育政策法规中,我们的编译从"高等教育政策法规"拓展到"教育政策法规",这种转变正好呼应了《推进共建"一带一路"教育行动》中的"政策沟通"。

　　主编《"一带一路"沿线国家教育政策法规研究丛书》,是一项相当繁重和极其艰辛的工作,其中的酸甜苦辣只有经历了才能体会到。第一,参与共建"一带一路"的国家相当多,截至 2019 年 8 月底,已有 136 个国家和 30 个国际组织与中国签署了共建"一带一路"合作文件。这套教育政策法规研究丛书虽然只涉及其中的 69 个国家,但即使是选择性地编译这些国家的教育法、高等教育法以及中长期教育发展规划等,也需要大量的人力、财力等的支持。第二,不少"一带一路"沿线国家的教育本身不够发达,与之密切关联的教育政策法规通常还在制定和健全之中,我们只能找到和编译那些现已出台的政策法规文本,抑或某些不属于政策法规却比较重要的文献。编译这类教育政策法规时,我们根据实际需要对某些文本进行了适当删减。由于编译这套丛书的工作量很大、历时较长,我们经常刚编译完某些国家旧有的教育政策法规,新的教育政策法规又出台了，我们不得不再次翻译最新的文本而舍弃旧有的文本。如此反反复复，做了不少"无用功"。即便如此，我们依然不敢担保所编译的教育政策法规是最新的。第三，"一带一路"沿线国家或地区的官方语言有 80 多种，涉及非通用语种 70 种（这套教育政策法规研究丛书涉及的 69 个国家，官方语言有 50 多种），我们竭尽全力邀请谙熟非通用语种的人士加盟，但依然还很不够。由于缺乏足够的谙熟非通用语种的人士加盟，很多教育政策法规被迫采用英文文本。在编译过程中，我们发现那些非英语国家的英文文本的表达方式与标准英文经常存在很大的出入，而且经常夹杂着这样或那样的"官方语言"或"民族语言"。这对编译工作是一个极大的挑战和考验，我们做到了尽最大努力去克服和处理。譬如，新西兰是一个特别注重原住民及其文化的国家，其教育政策法规设有专门的毛利语教育板块，因而文本中存有大量的毛利语。为了翻译这些毛利语，编译者查阅了大量有关毛利文化的书籍和文献，有时译准一个毛利语词语要花上数十天甚至更长的时间。类似的情况经常碰到，编译者们付出了难以计量的劳动，真诚地希望这套丛书的出版能给他们带来足够的精神上的慰藉。

为了顺利推进研究工作，我们围绕研究目标和研究重点，竭尽全力组建结构合理的研究团队，制订详尽的研究计划，规划时间表和线路图，及时启动研究工作，进入研究状态。大连理工大学积极参与"一带一路"建设，高度重视"一带一路"沿线国家教育研究工作，成立了"'一带一路'高等教育研究中心"、"中俄暨独联体合作研究中心"和教育部国别和区域研究中心"独联体国家研究中心"。大连理工大学、大连外国语大学、大连民族大学、杭州师范大学、广西民族大学、广西财经学院、广西职业技术学院、广西桂林市委党校、南开大学、海南大学、重庆大学、赤峰学院、天津市教育科学研究院等单位的有关专家、学者、教师、学生积极参与此项工作，没有他们的艰辛付出和辛勤劳动，编译工作将举步维艰。这项工作得到了大连理工大学出版社的大力支持，出版社的同志们不畏艰辛、不厌其烦、不计回报，为这套丛书的出版付出了难以想象的汗水和精力。对此，课题组由衷地表示感谢。

张德祥　李枭鹰
2019 年 9 月 8 日

目 录

新加坡 / 1
新加坡教育法 / 3
新加坡私立教育法 / 20

菲律宾 / 59
菲律宾高等教育法 / 61
菲律宾2015年全民教育:实施与挑战 / 66

文 莱 / 97
文莱教育法 / 99
文莱教育部战略规划(2012—2017) / 131

马来西亚 / 145
马来西亚高等教育行动规划(2007—2010) / 147

附 录 / 167
附录一 推动共建丝绸之路经济带和21世纪海上丝绸之路的愿景与行动 / 169
附录二 教育部关于印发《推进共建"一带一路"教育行动》的通知 / 177

后 记 / 183

新加坡

新加坡教育法

一部有关教育与学校注册的法案。(1957年12月13日)

第1章 概 论

简称

1.本法案可以称为《教育法》。

解释

2.在本法案中,除非另有说明,否则:

建筑,包括建筑物的部分。

管理委员会,指本法案第26条提及的管理委员会。

署长,指教育署署长。

部长,指教育部部长。

文件,包括任何书籍、课本、练习册、账目、存根、报纸、海报、绘画作品、电影、胶卷、幻灯片、唱片及其他印刷、书写或用于记录的物品,无论其是否涉及教学、娱乐、学校管理等。

费用,包括学生接受学校教育必需的所有费用。

职能,包括权力与职责。

政府学校,指直接由政府组建和管理的学校。

政府教师,指直接由政府雇佣的教师。

高等教育,指大学教育。

学校管理人员,指管理委员会的成员。

医务人员,指为政府服务的注册医生。

校长,指学校的校长。

公共卫生督察,指环境部的卫生督察。

学生,指在学校中接受教育的任何年龄段的人员。

管理与督导人员的登记、学校的登记、教师的登记,指署长根据本法案第19条分别进行登记;已登记,指已录入相关登记信息。

学校(根据上下文)指:

(1)为10名以上人员提供教育的组织。

(2)10名以上人员接受教育的场所,包括一个或多个班级,函授学校,准备教学、考试或进行试卷批改的场所。

学校场所,指学校建筑(包括操场)。

督导人员,指根据本法案第28条注册为督导人员的管理人员。

教师,指在学校中教授学生的人员,在函授学校中教授课程、批改试卷的人员,校长。

非法社团,指根据《社团法》(第311号法案)规定被视为非法的社团。

豁免

3.如果部长认为该学校的教学内容是纯粹宗教性质的或者该学校是高等教育机构,那么,他可以通过政府公报发布通知,免除该学校及其管理人员或教师接受本法案任何条款的规限,同时部长可以随时撤销其豁免权。

本法案不适用的学校

4.(1)本法案不适用于:

①根据《工艺教育学院法》(第141A号法案)建立的新加坡工艺教育学院。

②《新加坡私立教育法》(2009年)中的任何私立教育机构。

(2)在未获得署长书面批准的情况下,任何人员或组织不得:

①使用院校、学院、学校、大学等术语或部长在政府公报上以通知形式指定的任何其他术语,或者任何术语的衍生词,以任何语言或任何其他词语表明某人员或组织在上述名称、描述或头衔之下提供教育;

②在任何票据、通信、通知、广告中或以其他任何方式做出或继续做出任何声明。

(3)本法案第4条第2款不适用于:

①依据本法案注册或免除注册的学校;

②政府;

③根据公共法组建且具有公共职能的任何团体;

④根据任何成文法建立或根据任何成文法发挥职能的教育机构;

⑤另有规定的其他人员或组织。

(4)任何人员或组织违反本法案第4条第2款规定即属犯罪,一经定罪,将被处以不超过2 000美元的罚款,或不超过12个月的监禁,或两项并罚。

署长职能的授权

5.根据本法案,署长的职能可以随时由经授权的教育部官员行使,部长要通过政府公报发布通知以解释这样做的目的。

第2章　教育财政委员会

组建教育财政委员会

6.(1)应在新加坡组建教育财政委员会。

(2)教育财政委员会应包括：

①作为主席的署长；

②财政部常务秘书或其代表；

③由教育机构、组织或协会提名,获得部长批准且由部长任命的4名人员。

上述人员不得在政府任职或担任国会成员。

(3)教育财政委员会的法定人数不少于3人。

(4)部长可以任命教育财政委员会秘书。

(5)由部长任命的所有成员,除非部长另有指示,否则任职期自任命之日起不得超过3年。部长可以随时撤销任何任命。

(6)由部长任命的任何成员任期期满后,部长可以重新任命该成员连任。

(7)如果由部长任命的财政委员会成员死亡、破产、丧失行为能力、辞职、不在新加坡超过3个月或任命被撤销,那么,该成员应立即停止担任教育财政委员会相关职务,部长应根据本法案第6条第2款任命新成员。

(8)不应对教育财政委员会存在职位空缺质疑。

(9)教育财政委员会应满足部长的要求,并可以根据本法案规定制定工作程序。

职责

7.教育财政委员会的职责：

(1)为由部长管理的政府或其他机构捐献或支付的有关教育的所有财产或经费提供使用建议；

(2)考量署长准备的用于教育的年度财政预算,并向部长提供建议。

条例

8.部长可以制定条例,用于实施本法案第2章的规定。

第3章　教育咨询委员会

组建教育咨询委员会

9.(1)应在新加坡组建教育咨询委员会。

(2)教育咨询委员会应包括：

①作为主席的署长；

②财政委员会所有其他成员；

③根据本法案第51条任命的学校医务人员；

④社会福利署署长；

⑤获得部长批准的8名教育机构、组织、协会或教师工会的代表，上述人员应由各自机构、组织、协会或工会提名；

⑥6名由部长任命的其他人员。

(3)部长可以任命委员会秘书。

(4)教育咨询委员会可以在其成员中选举副主席。副主席的任期与该人员作为委员会成员的任期相同。

副主席可以通过向部长提交书面申请辞去职务，辞职后，该人员应立即停止担任副主席的相关职务。

(5)由部长任命的所有教育咨询委员会成员，除非部长另有指示，否则自任命之日起任期为3年。部长可以随时撤销任命。

(6)根据本法案第9条第2款第5项提名的所有教育咨询委员会成员，除非部长另有指示，否则自任命之日起任期为3年。

由机构、组织、协会或工会提名的成员，该机构、组织、协会或工会可以随时撤销提名。

(7)根据本法案第9条第2款第5项提名的教育咨询委员会成员任期期满后，部长可以要求相关机构、组织、协会或工会重新提名代表作为教育咨询委员会成员。

(8)部长任命的教育咨询委员会成员任期期满后，部长可以重新任命相关人员连任。

(9)如果根据本法案第9条第2款第5或第6项提名或任命的教育咨询委员会成员死亡、破产、丧失行为能力、辞职、不在新加坡超过3个月或任命被撤销，那么，该成员应立即停止担任教育咨询委员会相关职务，并应视具体情况根据本法案第9条第2款第5项或第6项任命新成员。

(10)不应对教育咨询委员会存在职位空缺产生置疑。

会议与程序

10.(1)教育咨询委员会应在每年的3月、6月、9月和12月召开会议，如果有必要可在其他时间另行召开会议。

(2)教育咨询委员会法定人数不少于12人。

(3)教育咨询委员会可以根据本法案规定制定程序。

职责

11.教育咨询委员会应就由部长或教育咨询委员会提议的任何教育政策或涉及其发展的事宜向部长提出建议。

任命分委会的权力

12.(1)教育咨询委员会可以选择部分成员组建一个常设的行使一般职能的分委会，分委会的成员数量及职能由委员会确定。

(2)除了常设的行使一般职能的分委会之外,教育咨询委员会可以根据部长指示,组建其他多个分委会,只要教育咨询委员会认为合适,分委会成员可以完全或部分由教育咨询委员会成员组成。

(3)只要教育咨询委员会认为合适,它可以将其职能授予常设的分委会或根据本法案第12条第2款任命的分委会。

(4)署长或由他随时任命的其他人员,可以担任根据本法案第12条第2款组建的分委会的职务。

第4章 上诉委员会

组建上诉委员会

13.(1)应在新加坡组建上诉委员会。

(2)上诉委员会应包括:

①由部长任命,且不得在政府中任职的主席;

②2名由高等教育机构提名且获得部长批准的人员;

③2名已注册但为非政府教师的教师,2名已注册的管理人员,上述人员均应由部长任命;

④由部长任命的2名其他人员。

(3)部长可以任命学校上诉委员会秘书。

(4)由部长任命的学校上诉委员会成员,除非部长另有指示,否则自任命之日起任期为3年。部长可以随时撤销任何任命。

(5)根据本法案第13条第2款第2项提名的上诉委员会成员,除非部长另有指示,否则自任命之日起任期为3年。提名该成员的高等教育机构可以随时撤销提名。

(6)上诉委员会成员任期期满后,可以重新任命,或者在部长批准下重新提名。

(7)如果上诉委员会任何成员死亡、破产、丧失行为能力、辞职、不在新加坡超过3个月或任命被撤销,那么,该成员应立即停止担任学校上诉委员会相关职务,并应视具体情况根据本法案第13条第2款任命新成员。

程序

14.(1)上诉委员会程序应遵守本法案第12章的有关规定。

(2)上诉委员会法定人数不少于5人。

如果需处理关于管理人员或教师注册的上诉,应至少保证1名已注册管理人员或教师在场,否则不得进行。

(3)上诉委员会成员如果未参加所有先前的上诉听证会,那么,不得参加押后的上诉听证会。

(4)上诉委员会程序不应向公众公开。

(5)不应对学校上诉委员会存在职位空缺质疑。

(6)根据本法案规定,学校上诉委员会可以制定程序。

职责

15.上诉委员会的职责是听取和裁决有关署长根据本法案所做决议的上诉,本法案第48条第2款第1项明确排除的上诉除外。

上诉委员会不必听取任何政府教师除有关取消其注册外的任何上诉。

权力

16.上诉委员会在行使职能时,拥有以下权力:

(1)提取经宣誓而做的证供。

(2)传唤任何人员出席上诉委员会听证会并做证或提供相关文件、物品。

在任何法庭举行的诉讼,任何人员基于特权可以拒绝回答任何问题或拒绝提供任何相关文件。

(3)下令检查任何学校的办公场所。

(4)进入并考察任何学校的办公场所。

犯罪与处罚

17.被传唤到上诉委员会听证会做证或提供相关文件、物品的人员,如果拒绝或忽视这样做,或者在听证会上拒绝回答任何问题,那么该人员的行为即属犯罪,一经定罪,将被处以最高不超过500美元的罚款,或不超过3个月的监禁,或两项并罚。

法律顾问

18.如果上诉委员会在上诉过程中有需要,可以由司法部部长任命的律政人员作为法律顾问予以协助。

第5章 登记和犯罪

学校等的登记

19.(1)署长应保存登记信息,登记中应录入:

①所有学校的名称,根据本法案第3条豁免注册的学校除外;

②所有管理人员和已注册学校督导人员的姓名;

③所有根据本法案第8章规定注册的教师的姓名;

④所有根据本法案第9章规定获得授权可作为未注册教师的姓名。

(2)署长可以随时在登记中录入他认为必要的其他明细。

犯罪

20.任何人员:

(1)作为学校的管理人员,既未依法注册,亦未依法豁免注册。

(2)作为已注册学校的管理人员,雇佣或允许雇佣任何未注册的教师,根据本法案第9章规定获得授权或许可的除外。

(3)在未注册学校中教学;在已注册学校但既未根据本法案相关规定注册,也未根据本法案第41条获得授权可以作为未注册教师任教或未根据本法案第44条获得教学许可;在根据本法案第39条取消教师注册、根据本法案第43条被取消教学授权或根据本法案第44条被取消教学许可后仍继续教学。

那么,该人员即属犯罪,一经定罪,将被处以本法案第62条所述的处罚。

第6章 学校的注册

学校须注册

21.所有学校均须依据本法案注册。

申请

22.(1)署长应责成所有政府学校注册。

(2)政府学校以外的学校应向署长提交注册申请,提交申请的人员应为学校的管理人员,署长可以批准或拒绝申请,但需阐明理由。

(3)所有申请表应依照规定的格式,并附上每位申请注册成为学校管理人员或教师的人员分别按照本法案第31条和第36条填写的注册申请表。

学校注册程序

23.(1)根据学校的注册申请,署长在经过必要的调查后,应:

①注册该学校;

②若有关于批准注册该学校的相关规定,则应以书面形式通知申请人;

③如果拒绝申请,则应说明拒绝申请所依据的本法案的相关规定。

(2)本法案第23条第1款中提及的条件可以包括,由学校管理人员接受学校章程、关于学校管理的书面计划或信托契约,以及管理由署长提议的财产和收入,由适当的当事人执行章程、书面计划或信托契约等。

(3)学校注册时,署长应向督导人员颁发注册证书,说明学校办公场所所在地址,督导人员应制作一份该证书的副本,并附上一份按署长指定语种起草的下列人员的名单:

①督导人员姓名;

②已注册管理人员姓名;

③已注册教师姓名;

④获得授权或许可在学校内教学的未注册教师的姓名。

清单应张贴在学校建筑物的醒目处。

(4)学校未获得署长发布的注册证书且未根据本法案第23条第3款张贴清单,不得开展教学。

拒绝学校注册的理据

24.署长可以拒绝学校注册,如果:

(1)在拟开设学校的区域已经拥有完备的教育设施。

(2)拟建校区存在危险建筑,或者不适于作为学校使用。

(3)拟建校区消防设施不足。

(4)拟建校区不卫生或出于卫生考虑不适于作为学校。

(5)供学生户外娱乐的场地不足或不符合要求。

(6)拟建学校未遵守本法案相关条例的规定。

(7)在充分考虑到拟建学校维持与运营成本以及其所提供教育的标准之后,需收取的费用过多。

(8)拟雇佣教师的资格与经验难以确保学校的有效运作。

(9)拟给予教师的薪资难以确保其有效履行职责。

(10)拟建学校计划任一学期招收超过1 200名学生。

(11)拟组建的管理委员会的章程难以确保拟建学校的有效管理。

(12)由拟组建管理委员会推荐的督导人员并非合适人选。

(13)拟建学校曾被拒绝注册,或者根据本法案或任何先前有关学校注册的成文法取消过其注册。

(14)拟建学校很可能被作为危及国家或公众利益的用途。

(15)拟建学校的教学很可能危及公众或学生利益。

(16)拟建学校很可能被用作非法社团集会场所。

(17)学校注册所使用名称危及国家利益。

(18)注册申请中,所做陈述或提供的信息在重要情节存在虚假或遗漏情况。

取消学校注册的理据

25.(1)署长可以取消任何学校的注册:

①根据本法案第24条所述理据(本法案第24条第1款所列规定除外);

②如果署长认为学校已经不复存在;

③如果学校督导人员未能遵从本法案第54条下达的指令;

④如果署长认为学校管理委员会未能有效管理学校;

⑤如果署长认为学校的纪律一直没有得到充分维持。

(2)如果学校所有管理人员的注册被取消,那么,署长应取消学校的注册。

第7章 管理委员会、督导人员和管理人员

管理委员会

26.(1)除政府学校外的所有学校均应由管理委员会管理。

如果学校只有一名管理人员,那么管理委员会的职责应由该人员履行。

(2)除非获得署长的书面批准,否则管理委员会人数不得少于9人。

(3)管理委员会应负责确保本法案及其相关条例以及根据本法案第23条获准用于学校的任何章程、书面计划或信托契约相关条款的贯彻落实。

署长可以任命管理人员或额外管理人员

27.(1)任何时候,如果署长认为学校的管理难以令人满意,他认为有必要就可以任命额外管理人员。额外管理人员应被视为已注册的学校管理人员,有权随时进入学校的办公场所。

(2)任何时候,如果署长认为由于管理人员辞职、死亡或任何其他原因,学校缺乏有效的管理委员会,就可以要求组建新的管理委员会,并任命他认为必要的管理人员以确保学校的正常运营。

督导人员的注册与撤销

28.(1)学校管理委员会应推荐其1名成员注册为学校的督导人员。

(2)如果署长认为推荐的人员不是恰当的人选,他可以拒绝予以注册。

(3)任何时候,如果署长认为督导人员不再是恰当的人选,他可以撤销注册,该人员应立即停止担任学校督导人员的相关职务。

督导人员的职责

29.学校督导人员的职责是:

(1)与署长沟通学校的管理事宜。

(2)如果任何学校管理人员辞职,应立即以书面形式报告署长。

(3)出现以下情况,立即以书面形式报告署长:

①任命任何已注册教师担任学校的校长或教师;

②终止学校校长或教师的任命。

(4)如果学校校长或任何教师薪资发生变化,应以书面形式报告署长。

(5)行使获准用于学校的任何章程、书面计划、信托契约或者本法案相关条例所赋予的其他职责。

督导人员擅离职守等

30.(1)如果署长扣留或撤销学校管理委员会推荐的督导人员的注册,或者已注册

督导人员由于辞职、疾病、缺席、作为管理人员的注册被取消或由于其他原因停止行使职能，又或已注册督导人员不再为绝大多数管理委员会成员所接受，那么，管理委员会应立即推荐另一位成员注册为学校督导人员。

(2)如果学校在任何时候由于任何原因无督导人员或者督导人员由于任何原因停止任职，那么，在注册新的督导人员之前，本法案及其相关条例赋予督导人员的职责归入管理委员会名下并由它代为行使。如果学校只有一名管理人员且他由于某些原因难以行使职责，那么其职责归入校长名下并由校长代为行使。

管理人员的注册

31.(1)除署长根据本法案第27条任命的管理人员外，所有学校管理人员均须注册。

(2)应向署长提交注册申请，如果学校已任命督导人员，在申请中应附督导人员的签名。

32.当申请人根据本法案第31条向署长提出作为学校管理人员的注册申请后，署长根据本法案第33条规定以及经过必要的调查之后，应注册申请人为其所在学校的管理人员，并应以书面形式通知该申请人已获得注册。

拒绝管理人员注册的理据

33.署长可以使用自由裁量权拒绝任何人员注册为学校的管理人员，如果：

(1)该人员已被新加坡任何拥有司法管辖权的法院定罪，或因违反本法案、任何先前有关教育或学校注册的成文法、新加坡现行的任何类似法律的规定被判监禁。

(2)根据本法案、任何先前有关教育或学校注册的成文法、新加坡现行的任何类似法律的规定，该人员的注册被拒绝，或者他所获得的注册曾被取消过。

(3)该人员品行不佳。

(4)该人员没有任何管理学校的知识、经验、兴趣和技能。

(5)该人员在根据任何成文法提交作为管理人员或教师的注册申请中存在虚假或误导性的内容。

(6)注册该人员将危及新加坡国家、公众或学生的利益。

取消管理人员注册的理据

34.署长可以取消任何学校管理人员的注册：

(1)根据本法案第33条第1、2和5款所述理据。

(2)如果该人员不再担任管理人员或行使管理人员职责令人不满意。

(3)如果该人员违反了本法案或其相关条例的任何规定。

(4)如果管理人员因在其所在学校享有利益而取得管理人员的资格。

(5)如果该人员所在学校的注册被取消。

(6)如果该人员回避作为管理人员的责任。

(7)如果基于新加坡国家、公众或学生的利益考虑,该人员不应再继续担任管理人员。

第8章 教师的注册

禁止未经授权人员从事教学

35.任何人员未经注册或未根据本法案第9章规定获得授权或许可,不得在任何学校从事教学或受雇为教师,本法案规定豁免的学校除外。

注册申请

36.应向署长提交作为教师的注册申请,并要一同提交规定的文件。

教师注册程序

37.署长在接到注册申请并经过必要的调查后,如果应予以批准注册,那么应该向该人员颁发注册证书,或者根据本法案第41条授权该人员开展教学。

拒绝教师注册的理据

38.署长可以拒绝任何人员注册为教师,如果申请人:

(1)品行不佳。

(2)该人员已被新加坡任何拥有司法管辖权的法院定罪,因违反本法案、任何有关教育或学校注册的成文法、新加坡现行的任何类似法律的规定被判处监禁。

(3)根据本法案、任何有关教育或学校注册的成文法、新加坡现行的任何类似法律的规定,该人员的注册被拒绝,或者他所获得的注册曾被取消。

(4)根据本法案、任何有关教育或学校注册的成文法、新加坡现行的任何类似法律的规定被取消教师注册而从登记上除名,该人员作为教师的注册是由于辞职或其所在学校停止运营而被取消的情况除外。

(5)未能向根据本法案第51条任命的学校医务人员提供健康证明。

(6)任何时候根据任何成文法在注册申请或相关信息中存在虚假或误导性内容。

(7)很可能危及学生的福利或公众利益。

(8)未能达到本法案相关条例规定的最低标准。

取消教师注册的理据

39.署长可以取消教师的注册:

(1)根据本法案第38条所述理据,拒绝注册。

(2)如果该教师因不端行为而获罪。

(3)如果他认为该教师难以履行教师职责。

(4)如果该教师违反了本法案或其相关条例的规定。

第9章　雇佣未注册教师

雇佣未注册教师须获得授权或许可

40.(1)未注册教师,只有根据本法案第41条、第44条获得授权或许可,方可在学校中开展教学。

(2)根据本法案第44条,任何学校不得雇佣未注册教师,除非该学校在提出申请时没有可用的已注册教师。

申请的方法与限制

41.(1)如果学校督导人员或者申请注册学校的人员认为学校内没有可用的已注册教师,其可向署长申请授权雇佣未注册的教师,授权该人以非注册教师身份执教。

(2)根据本法案第42条并经过必要的调查后,署长可以按照规定将授权以书面通知的形式下达申请人,并将通知复印件下达未注册教师本人,该复印件即是未注册教师获得授权可以开展教学的证明。

(3)这一授权应阐明未注册教师所在的学校和教学时限,署长可以使用自由裁量权附加有关该人员在教学科目和班级管理方面的限制。

拒绝授权未注册教师的理据

42.署长可以拒绝授权雇佣未注册教师:
(1)根据本法案第38条第1~7款所述理据;
(2)在学校雇佣的教师中有合适的已注册教师。

取消教学授权的理据

43.(1)署长可以取消有关雇佣任何未注册教师的授权:
①根据本法案第39条所述理据;
②已有可用的具备必需资格的已注册教师。

(2)授权期终止后,署长可以取消有关雇佣任何未注册教师的授权。

署长可以发布或取消教学许可

44.(1)尽管本法案如此规定,署长仍可以使用自由裁量权,基于特殊原因允许任何人员作为未注册教师开展教学。

(2)署长可以随时向当事人下达书面通知,取消根据本法案第44条第1款发布的许可。

第10章　学校、管理人员和教师的注册与取消注册的一般程序

教师体检

45.在注册任何人员作为教师或向任何人员发布作为未注册教师开展教学授权之前,署长可以要求当事人进行体检。

任何注册申请的一般权利

46.当提交任何有关注册学校、管理人员、教师或授权雇佣未注册教师的申请时,如果署长认为必要,他可以要求申请人做出进一步的声明或者提供补充材料,由此所做的声明或提供的补充材料应被视为正在接受考量的申请内容。

关于注册条件的程序

47.注册学校的申请人可以在接到署长根据本法案第23条发出的有关学校注册条件的通知后的14天内,根据本法案第56条针对任何条件通过署长向上诉委员会提起上诉。

拒绝登记、取消注册等程序

48.(1)当署长根据本法案第24、25、28、33、34、38、39、42、43或54条使用自由裁量权做出决定时,他可以在充分考量公共安全的情况下,以书面通知形式告知在他看来受到其所做决定产生的直接和不利影响的申请人、督导人员、管理人员、教师或未注册教师等相关人员,并向上述人员提供本款以及本法案第49、56、57、58、59、60条的副本。

(2)作为申请人、督导人员、管理人员、教师或未注册教师的任何人员,如果受到该决定的不利影响,那么,当事人可以根据本法案第56条,在接到通知的14天内,以书面形式通过署长提起上诉:

①如果是有关根据本法案第24条第14、15或16款,第25条第1款第1或5项,第33条第6款,第34条第6或第7款,第38条第7款或第39条第1款所做决议的案件,应向部长提起上诉;

②其他案件则均应向根据本法案第13条组建的上诉委员会提起上诉;部长可以指示上诉委员会出席任何向部长提起上诉的聆讯。

关于被取消注册的学校或人员运营或任职的规定

49.(1)根据本法案第25条被取消注册的学校,应在接到根据本法案第48条所下达通知之日起立即停止运营。

署长可以使用自由裁量权并基于他认为合适的条件,以书面通知形式告知督导人员,允许学校继续运营到相关上诉做出裁决之日。

(2)根据本法案第48条第1款,接到署长分别根据本法案第28、34或39条所做决定通知的督导人员、管理人员或教师,以及根据本法案第43条接到通知的未注册教师,应在接到通知之日起立即停职。

署长可以使用自由裁量权,根据他认为合适的条件以书面通知形式规定在任何上诉未有决断之前不予停职。

(3)根据本法案第48条第1款,接到署长分别根据本法案第25、28、34、39或43条所做不利决定通知的督导人员、管理人员或教师,应将注册证书或任何允许开展教学的授权证明或根据本法案向当事人发布的任何副本上交署长,无论是否根据本法案第48条第 2 款提交上诉通知。

(4)除了本法案第 49 条第 1~3 款规定之外,在任何上诉未做出裁决或未超过通知的法定时间之前,署长所做不利决定不予实施。

非法在已取消注册学校中集会属犯罪

50.如果署长已取消学校注册,并且未根据本法案第 49 条第 1 款准许学校继续运营,那么,任何学生或其他人员在未获得署长书面授权的情况下在学校中集会即属犯罪。并且只要是本条适用的任何案件,警方均可以依法进入上述场所,在必要情况下亦可使用武力。

第 11 章　检查已注册学校与未注册学校

任命督察人员

51.部长可以通过政府公报发布通知,按名称或职位任命:
(1)教育部任何官员担任学校督察人员。
(2)任何医务人员担任学校医务人员。
(3)任何公共卫生督察人员担任学校卫生督察人员。
上述人员均应被视为学校的督察人员。

每年至少进行一次学校检查

52.署长有责任责成学校督察人员定期检查所有已注册学校,以便确定学校是否遵守本法案及其相关条例的规定,以及学校运营是否正常。

署长与督察人员在检查学校方面的权力

53.(1)为实施本法案及其相关条例的规定,署长、根据本法案第 5 条赋权的任何官员或学校的督察人员可以依法进入学校的办公场所,检查办公场所内所有的文件,并将这些文件带走以便进一步检查。

(2)如果学校的办公场所或建筑业已关闭,并且学校可以找到的任何已注册管理人员、已注册教师或未注册教师均难以打开上述办公场所或建筑,那么,署长、根据本法案第 5 条赋权的任何官员或学校的督察人员认为必要可以强行进入。

(3)如果通过专人送达或邮政服务通信开展教学,署长可以要求相关人员提交所有已经或将要用于教学的文件的副本。

(4)署长和根据本法案第 5 条赋权的任何官员依法检查已注册学校时,可以随时要求该学校的已注册管理人员,或经授权(或许可)在该学校执教的教师或学生及任何校内人员,出示该人员掌管的涉及管理、教学或学生活动的相关文件以供检查;如果署长或被赋权官员有要求,相关负责人员应提供涉及管理、教学或学生活动的相关信息,教师应出示注册政策或根据本法案获得教学许可的授权以供检查。

指示补救措施的权力

54.(1)如果署长认为,任何学校未能遵守本法案或其相关条例,或者任何学校未能正常运营,那么,在不损害其任何其他权力的情况下,署长可以以书面通知的形式指示督导人员在通知规定时间内采取指示中规定的补救措施,以便学校可以遵守本法案规定或者学校可以正常运营。

(2)在特定情况下,署长可以使用自由裁量权责成相关人员将通知副本送达学校其他管理人员。

(3)任何学校的督导人员接到通知后,在通知规定的采取补救措施的时间内,可以根据本法案第 56 条向上诉委员会提起上诉。

署长和督察人员搜查未注册学校的权力

55.(1)署长、根据本法案第 5 条赋权的任何官员、学校的督察人员或任何经授权代表署长的人员,可以在他认为合适的人员的陪同下,进入(如果必要的话可以强行进入)任何房屋、建筑或其他场所,如果他有理由相信上述场所被未注册学校使用;而且,上述人员可以搜查、没收未注册学校相关的文件或物品。

(2)根据本法案第 55 条第 1 款进入或搜查时,署长、根据本法案第 5 条赋权的任何官员、学校的督察人员或其他根据本法案第 55 条第 1 款授权的人员,可以砸开房屋、建筑等的内外门或者其中任何上锁的容器,如果他有理由相信其中存在与未注册学校相关的文件或物品。

第 12 章 上 诉

上诉的程序

56.(1)有意对署长的任何决定提起上诉的任何人员,应在规定时间内向署长提交一式两份的书面声明,并视情况需要由署长转交部长或上诉委员会,声明应准确阐明上诉的理据。

(2)接到书面声明后,署长应视情况需要立即转寄给部长或上诉委员会秘书。

(3)部长或上诉委员会秘书应视情况需要在接到上诉声明后,至少提前 14 天将关于上诉聆讯日期的通知送达上诉人和署长。

上诉人和署长或其代表应出席上诉

57.无论是由部长还是上诉委员会负责的上诉聆讯,上诉人或其授权的代表以及署长或其任命的官员均有权出席并接受聆讯。

上诉人的举证责任

58.上诉人负有举证的责任,证明署长根据本法案第 48 条所做决定的理据不正确或者没有理由做出这样的决定。

基于陈述理据进行辩论

59.除非获得部长或上诉委员会的同意,否则在聆讯中署长不得根据本法案第48条以外的任何理据,上诉人不得根据本法案第56条以外的任何理据进行辩论。

关于上诉的决定

60.(1)部长或上诉委员会可以确认、驳回或修改收到上诉的决定。

(2)部长或上诉委员会的决定,应传达给署长,署长应立即将该决定以书面形式通知上诉人。

(3)部长或上诉委员会根据本法案第60条所做决定,应具有最终决定性,不应在任何法庭中受到质疑。

第13章 条例、处罚、通知等

条例

61.(1)在不损害一般权利情况下,通常部长可以为所有与学校运营有关的事宜制定条例:

①学校或建筑的卫生状况和卫生设施;
②学校纪律的执行方法;
③禁止学校使用任何在他看来不适合或危及新加坡利益的文件;
④禁止学校引入在他看来危及新加坡利益的教材;
⑤禁止学校场所用于举办在他看来危及新加坡利益的活动;
⑥妥善保管学校登记和账簿;
⑦代表学校或学生管理与监督订阅和捐款事宜;
⑧划拨或继续划拨政府补助金的条件;
⑨为拥有章程、书面计划或信托契约的学校开展的事务制定规则;
⑩管理由学校征收的费用和其他收费;
⑪规定本法案所规定的任何事宜。

(2)根据本法案制定的所有条例均应通过政府公报公布,并在公布后尽快呈送国会,自呈送之日起1个月内在国会开会日期前通过动议做出决策。如果自规定的日期起废除任何条例或其任一部分,那么相关条例或其部分将从该日期起失效,但这并不损害先前根据上述条例所做事情的有效性,也不妨碍制定任何新条例。

(3)任何学校的管理人员或教师,直接违反或由于疏忽违反或教唆他人违反任何条例即属犯罪。

处罚

62.(1)任何人员:

①作为学校的管理人员或教师,未经注册或未根据本法案第3条豁免注册;

②在根据本法案提出注册学校、注册为管理人员或教师、授权雇佣未注册教师的申请中,罔顾后果地做出了虚假陈述,或者故意隐瞒重要事实,提供误导性的信息;

③妨碍署长或任何官员根据本法案赋予的权力合法检查已注册学校;

④违反本法案第53条规定,拒绝提供任何文件、信息或在重要内容中提供虚假信息;

⑤作为学校的管理人员未予注册,作为教师未予注册或作为未注册教师未获得授权许可便开展教学;

⑥除本法案第49条所述情况外,作为学校的督导人员、管理人员、教师,在署长根据本法案第48条发布取消其注册的通知后仍未停职。

上述情况均属犯罪,一经定罪,将被处以不超过2 000美元的罚款,或不超过1年的监禁,或两项并罚。

(2)任何人员违反本法案或其相关条例即属犯罪,如果没有具体规定其他处罚,一经定罪,初犯应处以不超过500美元的罚款,连续犯罪应处以不超过1 000美元的罚款;如果管理人员或教师违反了本法案第20条或第23条第3款而获罪,一经定罪,在犯罪期间应处以每天不超过100美元的罚款。

通知服务

63.只要在本法案或根据本法案制定的条例中对书面通知有所规定,由专人递送的通知或通过挂号信寄送的通知被送至已知最新的地址,即视为有效送达;如果接收人为督导人员且难以找到,则将通知贴在该督导人员所在学校的建筑上,即视为有效送达。

关于指控犯罪

64.除非署长投诉,否则不应根据本法案或其相关条例指控任何人员犯罪。

修改附件内容的权力

65.部长可以随时删除、更改或增加附件中的任何表格内容。

例外

66.(1)任何根据《学校注册条例》规定注册的学校、管理人员或教师,以及在本法案实施前任命的任何政府教师,均应被视为已经依据本法案注册并且该注册继续生效,但受限于本法案中有关撤销该学校、管理人员或教师注册的规定。

(2)如果到本法案生效之日,任何已注册学校仍无已注册的督导人员,那么该学校将被视为停止注册,除非自本法案生效之日起的1个月内,学校管理委员会推荐1名管理人员担任督导人员并根据本法案第28条按时注册。

(3)到目前为止,任何动产或不动产的所有产业权或其他权益,以及根据本法案所组建的财政委员会被授予或可能拥有的所有权力,均应被视为转交总会计师(或适用于总会计师),并由总会计师行使。

新加坡私立教育法

本法案为规定教育及其相关事宜服务。

本法案用于组建私立教育理事会，规定其职能、职责、权力以及有关私立教育机构的条例与认证，以确保教育质量及相关事宜。

第1章 序 言

简称

1.本法案可以称为《私立教育法》。

解释

2.在本法案中，除非上下文另有规定，否则：

广告，包括任何通告、通函、手册、说明书、规划或其他文件，以及按照以下形式下达公众的通知、告示：

(1)口头或书面形式。

(2)使用任何海报、标语牌、通知或其他可粘贴的文件，在墙壁、布告板、广告牌或任何其他物体上予以张贴或展示。

(3)使用广播、电视、互联网或其他媒体。

(4)其他形式或方式。

上诉委员会，指根据本法案第51条组建的上诉委员会。

批准，涉及私立教育机构，包括私立教育机构代表其自身或其授予的学位、文凭或证书。

法人团体，包括有限责任合资企业。

主席，指理事会主席，包括理事会临时主席。

行政长官，指根据本法案第10条任命的理事会行政长官，包括任何行使该权力的人员。

委员会成员，指根据本法案第9条第1款由理事会任命的委员会成员。

公司，意同《公司法》(第50号)第4条第1款所指。

理事会，指根据本法案第3条建立的私立教育理事会。

课程，涉及私立教育机构，指由私立教育机构提供的课程或培训项目。

课程费用，指由私立教育机构直接或间接从：

(1)学生或准学生(无论是在新加坡境内还是境外)。

(2)代表学生缴纳费用的人员。

收取的费用，用于私立教育机构向学生提供课程。

理事，意同《公司法》(第50号)第4条第1款所指。

教育，包括培训和教学。

教育机构，指任何人自己或通过联盟、合作、加盟的方式提供教育。

考试服务，涉及私立教育机构，指用于评价注册私立教育机构课程人员才能、技能、知识或理解程度的方法。

督察员，指根据本法案第56条第1款理事会任命的督察员。

有限责任合资企业，意同《有限责任合资企业法》(第163A号)第2条第1款所指。

管理人员：

(1)涉及作为法人团体的私立教育机构，指负责法人团体管理事务的正式或非正式的理事、合资人或管理委员会的成员，或者法人团体其他类似的官员。

(2)涉及作为非法人团体(除了合资企业)的私立教育机构，指非法人团体管理机构内负责管理事务的成员，或者任何担任类似于管理机构成员职位的人员。

(3)涉及作为合资企业的私立教育机构，指合资企业的合资人。

(4)涉及作为独资的私立教育机构，指独资经营者。

成员，指理事会成员，包括理事会临时成员。

合资人，指声称作为合资人行事的任何人员。

合资企业，包括《有限合资企业法》(第163B号)所指的有限合资企业。

办公场所，涉及私立教育机构(无论注册与否)或提议的私立教育机构，指私立教育机构或提议私立教育机构为提供私立教育而使用的任何建筑、场地、土地、露天空间等。

规定的纠纷解决方案，指本法案第64条规定的纠纷解决方案。

私立教育，指具有本法案附件1所赋予意义的教育。

私立教育机构，指：

(1)任何提供私立教育的人员，无论该人员提供私立教育是为了：

①谋利；

②连同提供其他教育；

③由他自己或通过联盟、合作或加盟方式与其他人员共同提供。

(2)根据《新加坡教育法》注册且接受政府资助或援助的学校，遵从部长通过政府公报所发布通知的明确规定，但是部长在考量私立教育机构与任何根据《新加坡教育法》注册的学校之间的联盟、合作和加盟关系之后，在政府公报通知中声明排除在外的私立教育机构除外。

注册的私立教育机构,指根据本法案第 3 章规定注册的私立教育机构。

注册的社团,指根据《社团法》(第 311 号)注册或被视为注册的社团。

装修工程,指任何办公场所的结构性或非结构性的添加和改变,但不包括修缮和维护工程。

方案,指根据本法案第 49 条第 1 款建立或维持的自愿认证方案。

学生,涉及教育机构,指接受或在教育机构注册接受教育的人员。

教师,指教育机构教育学生、准备或提供课程、批改作业和试卷的人员。

未注册私立教育机构,指任何私立教育机构不是或者不再是业已注册的私立教育机构,但不包括根据本法案第 68 条豁免的教育机构。

第 2 章　私立教育理事会

第 1 节　理事会的组建、公章、章程

组建私立教育理事会

3. 应组建被称为私立教育理事会(以下简称理事会)的机构,该机构作为法人团体具有永久继承性,以该名称可以:

(1)起诉与被起诉。

(2)获取、持有、开发和处置动产与不动产。

(3)享有法人团体依法享有的权利,承担法人团体依法应履行的义务。

理事会公章

4.(1)理事会可以拥有公章,并且只要理事会认为合适,可以随时更改或重判公章。

(2)所有需要理事会印章的契据和文件,可以加盖理事会公章。

(3)所有需要共同加盖印章的文书,应由理事会授权的 1 名或 2 名成员及 1 名行政长官共同签名。

(4)理事会可以通过决议或其他书面形式,任命理事会任何官员或其他代理人员代表理事会签署未盖章且与理事会权力有关的协议或其他文书,或执行未盖章且与理事会权力有关的协议或其他文书中的职能。

(5)依法行使司法权力的所有法院、法官和其他相关人员,采取司法认知的任何文件上盖有的理事会公章,应被视为正式加盖。

理事会章程

5.理事会包括以下成员:

(1)主席。

(2)部长随时决定的其他成员,人数在 5 人以上,但不超过 17 人。

第2节 理事会的职能、职责和权力等

理事会的职能与职责

6.(1)根据本法案规定,理事会的职能与职责是:

①注册和规范私立教育机构,直接或间接提供有关私立教育服务;

②鼓励、推动和促进新加坡私立教育的发展;

③建立、实施和支持质量认证方案或理事会认为适于提高新加坡私立教育水平或教育标准的其他措施;

④发布和传播有关理事会职能和职责事宜的信息;

⑤就涉及私立教育的国家政策向政府或其他公共机关提供建议,并且根据本法案实施有关私立教育的国家政策;

⑥本法案或其他成文法赋予理事会的其他职能与职责。

(2)除本法案第6条第1款赋予的职能与职责外,理事会还要承担部长通过政府公报指派的其他职能和职责,并且这样做:

①理事会应被视为履行本法案规定;

②本法案的规定应适用于理事会的此等职能与职责。

(3)本条款规定不应解读为:在法院的诉讼程序中,上述直接或间接施加的职能和职责变成任何形式的法律责任。

理事会的权力

7.(1)根据本法案规定,理事会有权根据本法案、其他成文法做任何事情以行使职能和履行职责,这些事情附带或有利于行使职能和履行职责,尤其:

①设计和管理注册系统,注册私立教育机构以及直接或间接提供有关私立教育服务的人员;

②制定有关私立教育服务内容或技术标准的规范,并监督遵守这一规范;

③开展有关理事会职能和职责的研究,发展研究或技术合作项目;

④通过政府公报发布通知,说明有关理事会职能或职责使用的所有认证、证书或检验合格标志,并控制该标志的使用;

⑤签订理事会履行职能和职责的合同;

⑥根据本法案规定,获取或处置任何动产或不动产;

⑦获得部长批准后,股东、合资人或作为任何其他身份成员可以组建和参与组建任何公司或合资企业,并分享利润;

⑧成为国际机构的成员或附属机构,该国际机构的职能与职责类似于理事会;

⑨由自己或与其他人联合在理事会拥有技能或经验的领域向新加坡国内外提供咨询、技术、管理或其他服务与产品;

⑩征收由理事会提供服务或设施而获得的费用或佣金;

⑪接受任何渠道的捐款或捐赠,或通过合法方法募集资金,并将这些资金用于理事会行使职能与履行职责;

⑫向理事会官员和雇员发放或担保贷款,用于理事会明确批准的用途;

⑬提供娱乐设施,并向理事会官员和雇员及其家庭成员推广娱乐活动和有利于其福利的活动;

⑭只要理事会认为合适,可以由自己或与其他人合作向理事会官员、雇员或其他有关私立教育服务的人员提供培训,并为该培训提供奖学金等;

⑮以租赁、开发或其他方式使用所有的动产或不动产,理事会基于它认为合适的条款和条件,将上述财产归于理事会名下或由其收购;

⑯做任何与其职能、职责或权力有关的事情。

(2)本条款不应解读为对其他成文法赋予委员会任何权力的限制。

(3)理事会应按照部长要求的形式和次数向部长提供有关财产和活动的信息。

部长的指示

8.部长在不违反本法案规定的情况下,可以根据本法案或其他成文法发布其认为必要的有关行使职能和权力、履行职责的指示,理事会要确保这些指示得以生效。

任命委员会和代表

9.(1)理事会可以从其成员或其他人员中任命一定人数组成委员会。

(2)理事会可以随时变更或解散根据本法案第9条第1款任命的委员会,规定或更改委员会的职权范围。

(3)在本法案规定和理事会的管理下,根据本法案第9条第1款任命的委员会可以按照其认为合适的方式规范其程序。

(4)基于理事会认为合适的条件或限制,理事会可以委派:

①理事会任何成员,包括主席和代理主席;

②行政长官、其他官员或雇员;

③根据本法案第9条第1款任命的委员会;

④任何它认为合适的人员,转授本法案或任何其他成文法规定其具有的职能、职责或权力,但制定附属法例的权力以及本款赋予的转授权除外。

(5)根据本法案第9条第4款委派给委员会和个人的所有职能、职责或权力,应被视为委员会和个人代表理事会。

(6)根据本法案第9条做出的委派,并不妨碍理事会行使任何职能、权力或职责。

第3节 有关理事会成员的规定

任命行政长官和其他雇员等

10.(1)在获得部长批准后,基于理事会确定的条款,理事会可以任命行政长官。

(2)行政长官应：

①使用理事会确定的名称；

②依照理事会制定的政策，承担妥善管理理事会和处理相关事务的职责；

③未获得部长同意，不得被解职。

(3)如行政长官短期内不在新加坡或由于疾病等原因暂时难以履行职责，理事会可以任命其他人员在行政长官缺席期间暂代其职。

(4)理事会随时可以基于已确定的条款任命或雇佣官员、顾问和代理人员，如果理事会认为这样做对于根据本法案或其他成文法有效行使职能或履行职责是适宜的。

个人免责保护

11.(1)理事会成员、官员、雇员、委员会成员或其他人员根据理事会指示，出于诚信原则或为执行本法案规定所做的任何事情，不应以此对上述人员个人提起诉讼。

(2)如果理事会向公众提供服务，根据任何成文法向公众提供信息，那么，提供上述信息所涉及的理事会成员、官员、雇员或委员会成员，无论任何原因均无须为公众遭受损失或损害负责。

公务人员

12.理事会所有成员、官员、雇员和委员会成员，根据《刑法》(第224号)均应被视为公务人员。

第4节 财务规定

财政年度

13.理事会的财政年度始于每年的4月1日，终于次年的3月31日。但理事会的第一个财政年度除外，它始于2009年12月1日，终于2010年3月31日。

年度预算

14.(1)每个财政年度，理事会要准备或责成准备并通过下一财政年度理事会的收支预算。

(2)补充预算可以在理事会的任何会议上通过。

(3)理事会通过预算之后，所有年度预算和补充预算的副本要立即提交部长。

(4)部长可以批准或驳回预算中的任一或部分款项，并将修订的预算返还理事会，理事会要接受其规约。

(5)理事会可以将部长批准的分配给一项开支的所有或部分预算经费，转移到同一开支名目下的其他项目上。

由理事会回收或收集经费

15.所有回收的经费、债务或收缴的经济处罚，根据本法案均应支付给理事会，并成为理事会经费的一部分。

拨款

16.为了确保理事会根据本法案或任何其他成文法行使职能、履行职责,部长随时可以向理事会提供出自国会款项的拨款。

借款的权力

17.(1)为了根据本法案或任何其他成文法行使职能或履行职责,理事会随时可以向政府借款,或者在获得部长批准后,可以通过部长指示的渠道在新加坡国内外借款,这些渠道包括:

①抵押贷款、透支或其他方式;

②创建和发行部长认可的政府债券、企业债券等。

(2)为实施本条款规定,借款的权力应包括制定任何金融协议,由此理事会可以获得信贷额度用于购买材料或其他物品。

发行股票等

18.如果政府根据本法案将任何财产、权力或责任授予理事会,或根据任何成文法对理事会注资或投资,则理事会应向财政部部长发行其指示的股票或其他证券。

银行账户

19.(1)理事会应在其认为合适的银行开设并保留一个或多个账户。

(2)所有账户均应由被授权代表理事会的人员运作。

经费的使用

20.理事会的经费只能用于支付理事会的开支、债券和债务,以及理事会授权的或需要支付的费用。

投资的权力

21.理事会应依照《解释法》(第1号)第33A款规定的法定机构的标准投资权进行投资。

财务规定

22.本法案附件3中列出的有关理事会的财务规定应予以生效。

第5节 财政、资产、债务和雇员的转移

理事会财政、资产和债务的转移

23.(1)自2009年12月1日起:

①财政部部长决定的归入政府名下的动产和不动产,由教育部私立教育司负责使用和管理;

②有关移交司的所有政府财产、资产、利益、权力、债务和义务,可以在无须进一步担保的情况下转移归入理事会名下。

(2)如果对根据本法案第23条第1款中任何财产、资产、利益、权力、债务和义务是否应转移或归入理事会存有疑问,那么,出自财政部部长之手的证书将成为决定性证据,它将直接决定上述财产、资产、利益、权力、债务和义务是否转移。

(3)根据本法案第23条第1款应转移或归入理事会的所有不动产,在理事会任期内由其持有,并接受部长规定的条款和条件的限制。

(4)有关转移财产的所有协议,如果在2009年12月1日前政府是协议一方,无论是何种性质的权责,自该日起:

①理事会转而成为协议一方;

②所有涉及政府的内容,自2009年12月1日起均由理事会取代。

雇员的转移

24.(1)经部长决定,在2009年12月1日前受政府聘用供职于政府移交司的人员或特定类别人员,应转任至理事会,以不亚于其转任前所享受的优惠条件任职。

(2)如果对根据本法案第24条第1款是否应将人员转移到理事会存有疑问,那么,出自财政部部长之手的证书将成为决定性证据,它将直接决定上述人员是否转移。

(3)理事会草拟完成服务的条款和条件,政府的服务方案、条款和条件仍适用于根据本法案第24条第1款转移到理事会的人员。

转移雇员应保有的服务权利等

25.(1)理事会草拟的条款和条件,应考量根据本法案第24条转移到理事会的人员在其受雇于政府期间遵从的服务条款和条件(包括薪资和离职的累积权益)。

(2)理事会有关服务年限的条款和条件,应承认转移人员的服务年限,包括其受雇于政府的时限。

(3)理事会草拟的服务条款和条件,不应影响适用于转移到理事会人员的根据《养老金法》(第225号)支付的有关养老金、酬金或津贴的条款和条件。

(4)对于根据本法案第24条转任至理事会的人员,政府应按其在政府任职期间的应计退休金总额与其同时任职于政府和理事会期间的应计退休金总额的比例,向理事会支付该人在退休时本应获得的退休金、酬金或津贴。

(5)服务于理事会的任何人员,其情况不在根据本条款建立的养老金或其他方案的范围之内,如退休、死亡或离职,理事会可给予由理事会决定的津贴或酬金。

不得因废除或重组办公室获取利益

26.尽管《养老金法》(第225号)如此规定,但是根据本法案第24条转任至理事会的人员,不得以其职位取消或变更,致使其从公职部门退休为由,提出任何利益要求。

现行合同

27.2009年12月1日前政府签署的所有与移交司有关的或与转任至理事会的人员有关的契据、合同、方案、债券、协议、文书和其他文件，在该日期后仍继续有效，由理事会执行，并由理事会替代政府一方完成纪律程序和其他法律程序。

28.（1）如果到2009年12月1日，任何有关转移到理事会的政府雇员的纪律程序仍未完成，则由理事会接手执行并完成。

（2）如果到2009年12月1日，委员会根据适当权限对相关事宜进行听讯或调查但尚未做出命令、裁决或指示，那么，委员会应完成听讯或调查，并根据在此日期之前其所有的权威规定做出命令、裁决或指示。

（3）委员会根据本条款做出的任何命令、裁决或指示，应被视为理事会的命令、裁决或指示，并具有同样的效力。

（4）所有涉及政府或代表其行事的人员在2009年12月1日前尚未完成的或已有的诉讼，涉及：

①移交司；

②根据本法案第23条转移到理事会的任一部分资产、利益、权力、债务和义务；

③根据本法案第24条转移到理事会的政府雇员。

那么，该诉讼应继续生效，并由理事会负责执行和完成。

转移前雇员的行为失当或玩忽职守

29.理事会可以谴责、降级、令其退休、解雇或以其他方式惩罚在受雇于政府期间行为失当或玩忽职守的人员。

不得由于转移而违反或不履行相关条款规定

30.（1）本法案第2章第5节规定的实施不应被视为：

①违反合同、机密，或是民事纠纷；

②任何禁止或制约资产、债务出让或转移的合同规定；

③由于任何资产或债务实益拥有权或法定所有权发生变化，致使一方修改或准许终止法律文书。

（2）本法案第23条规定的实施，不应根据任何合同或其他法律文书被视为违约行为。

（3）任何现有合同、协议、转让证书、契约、租约、保证书、债券和其他文书或承诺的规定，其中政府作为一方禁止根据本法案第23条向理事会转移任何资产、利益、权力、债务或义务。

（4）根据本法案，政府作为一方当事人签订的，或有义务向其他方授予任何有待转让的财产、资产、权益、权力、责任或义务的优先购买权的，且该转让是因根据本法案第

23条而导致违约或视为违约所引发的,则现有合同、协议、契约、契据、租约、担保、债券及其他文书或承诺书中的任何条款,均视为作废。

(5)财政、资产、债务和雇员向理事会转移,无须通过政府的承租人。

(6)为实施本法案第2章第5节规定所做的任何行为,不应因任何损失向政府索赔。

第6节 总 则

保密原则

31.(1)除非为了行使职能、履行义务或根据任何成文法规定需要这样做,否则,作为以下人员:

①理事会成员、官员、雇员、顾问或代理人员;

②委员会成员或上诉委员会成员。

不得公开其在行使职能或履行职责时所获得的有关理事会或其他人员的任何信息。

(2)任何人员违反本法案第31条第1款即属犯罪,一经定罪,将被处以不超过5 000美元的罚款,或不超过6个月的监禁,或两项并罚。

年度报告

32.(1)在每个财政年度结束后,理事会要尽快责成准备上一财政年度理事会活动报告并呈交部长,报告要包含部长指示的有关理事会执行程序和政策的信息。

(2)部长要尽快责成相关人员将所有报告的副本呈送国会。

理事会的标志、设计或表述

33.(1)理事会对其选择或涉及的标志、设计或表述享有专有权,并且可以在相关活动或事件中展出该标志、设计或表述。

(2)在未获得理事会预先准许的情况下,任何人员将与理事会相同或相似的标志、设计或表述用于进行欺骗或制造混乱等行为,该人员的行为即属犯罪,一经定罪,将被处以不超过10 000美元的罚款,或不超过12个月的监禁,或两项并罚。

第3章 私立教育机构条例

第1节 私立教育机构的注册

注册要求

34.(1)根据本法案规定,新加坡人不得:

①在新加坡国内外提供私立教育;

②在新加坡国内外授予有关私立教育的任何学位、文凭或证书(包括任何荣誉学位或其他学术资格)。

除非该人已注册私立教育机构。

(2)任何人违反本法案第 34 条第 1 款即属犯罪。

(3)任何人故意在未注册私立教育机构内协助提供私立教育即属犯罪。

(4)理事会应采取必要措施确保关闭未经注册的私立教育机构,这些措施包括但不限于:

①使用必要的武力或援助,从未注册私立教育机构所有或控制的办公场所清除任何人员;

②封锁上述办公场所的所有出入口。

(5)理事会根据本法案第 34 条第 4 款行使权力所产生的合理开支以及其他附带的合理开支,可视作未注册私立教育机构管理人员拖欠理事会的民事债务予以追回;所有未注册私立教育机构的管理人员应共同或单独承担理事会的上述开支。

(6)在不损害本法案第 34 条第 4、5 款规定或本法案赋予理事会的任何其他权力的情况下,理事会可以向未注册私立教育机构管理人员下达书面指示,要求未注册私立教育机构全额返还其从学生那里收取的费用,返还时限在指示中有明确规定。

(7)本法案第 34 条第 6 款适用于未注册私立教育机构与学生所签署协议或合同包含的内容。

(8)如果理事会根据本法案第 34 条第 6 款发布的所有书面指示未能得到遵守,那么,未注册私立教育机构和其接收指示的管理人员即属犯罪。

(9)根据本法案第 34 条第 7 款,如果任何人员可以证明其有合理的理由未能遵守理事会根据本法案第 34 条第 6 款发布的书面指示,那么,这将作为他免受本法案第 34 条第 8 款犯罪指控的免责辩护。

(10)根据本法案规定,任何人员无权在法庭追讨其在新加坡提供私立教育所获的课程费用或薪酬,除非提供私立教育的人员是根据本法案注册的,并且该人员获得了理事会根据本法案第 43 条颁布的许可。

申请注册或续期注册

35.(1)所有申请授予注册或续期注册的私立教育机构:

①应由私立教育机构管理人员(本条款中称为申请人)按照规定的形式和时限向理事会提出申请;

②缴纳规定的费用;

③可以连同向理事会申请免除本法案附加给注册私立教育机构的任何要求。

(2)理事会可以要求根据本法案第 35 条第 1 款提出申请的申请人,提交理事会认为有关申请所必需的信息或文件。

(3)如果申请人未能在理事会规定时间内根据本法案35条第2款提交有关申请的任何信息或文件,那么:

①申请将被视为自动撤回;

②如果与该申请一起,申请人还连同提交了免除本法案附加给注册私立教育机构的任何要求或续期的申请,此申请也将被视为自动撤回。

授予批准或续期批准注册

36.(1)理事会在接受了私立教育机构根据本法案第35条第1款提出的授予或续期注册的申请,并在经过它认为必要的调查之后:

①如果与该申请一起,申请人还连同提交了免除本法案附加给注册私立教育机构的任何要求或续期的申请,那么:

A.在免除本法案附加给注册或续期注册私立教育机构的要求之后(这是免除申请的核心),可以基于理事会认为合适的条款和条件授予或续期私立教育机构的注册;

B.拒绝免除本法案附加给注册或续期注册私立教育机构的要求(这是免除申请的核心),并根据本法案第37条拒绝授予或续期注册私立教育机构。

②在任何其他情况下:

A.基于它认为合适的条款和条件,授予或续期批准私立教育机构的注册;

B.基于本法案第37条,拒绝授予或续期私立教育机构的注册。

(2)所有私立教育机构的注册和续期,其时限均由理事会规定。

(3)在不损害本法案第36条第1款第1项A目和第2项B目规定的情况下,理事会注册私立教育机构依据的条款和条件,除获得理事会先期书面批准外:

①私立教育机构不得与一方或多方签署合同或其他协议(无论合伙与否)从事与私立教育无关的任何活动,以便当事人无论是以共享产出的方式、各方联合或集体收益的方式获取利益;

②私立教育机构只应提供私立教育及与之相关的活动。

(4)理事会可以在不给予补偿的情况下随时增加、变更或撤销私立教育机构注册的条款或条件。

(5)为免生疑,本法案第36条第3款的规定并未授权强加任何条款或条件限制或禁止已注册团体的任何特定成员签署本法案第36条第3款第1项提及的合同或其他协议,或从事任何与私立教育无关的活动。

拒绝授予或续期注册

37.(1)理事会可以拒绝授予或续期注册私立教育机构,如果:

①私立教育机构并非公司或注册的团体。

②私立教育机构的办公场所:

A.不适于提供私立教育;

B.不卫生或存在安全隐患;

C. 被完全或部分地用于提供除教育以外的活动；

D. 未遵守本法案第 71 条的相关规定。

③私立教育机构所有或超过半数的教师：

A. 并未拥有本法案第 44 条第 1 款第 1 项规定的最低资格或经验标准；

B. 并不是在私立教育机构提供教学合适而恰当的人选。

④在提出授予或续期注册私立教育机构的申请中，表述或信息在重要情节上存在错误、疏漏及令人误解之处。

⑤私立教育机构或其任何管理人员：

A. 违反了本法案的规定；

B. 在提交授予或续期注册私立教育机构申请之前的 5 年时间内，依据本法案定罪；

C. 在提交授予或续期注册私立教育机构申请之前的 5 年时间内，在新加坡国内外由于欺诈或不诚信而被定罪，或在裁定的犯罪中，私立教育机构包括其管理人员有欺诈或不诚信的行为。

⑥私立教育机构的管理人员或提议的管理人员并非经营或管理私立教育机构合适而恰当的人选。

⑦理事会认为授予或续期注册私立教育机构不符合公众或私立教育机构学生或未来学生的利益。

⑧理事会认为，私立教育机构的名称，或其任何办公场所、学院的名称、私立教育机构提供的任何教育场地的名称：

A. 很可能误导公众，使公众难以准确地认识私立教育机构、办公场所、学院、系或其提供教育场所的性质及用途；

B. 与新加坡国内外其他教育机构的名称雷同或相似，可能欺骗或迷惑公众及教育机构的学生；

C. 是不受欢迎或令人不快的；

D. 部长通过政府公报发布通知，指示理事会其名称不可用于注册或是被禁止使用的。

（2）理事会在根据本法案第 37 条第 1 款拒绝授予或续期注册私立教育机构之前，应向私立教育机构和其管理人员发布书面通知。

（3）在收到理事会根据本法案第 37 条第 2 款发出的通知后，私立教育机构或其管理人员可以在接到通知之日起的 14 天内，向理事会阐明应授予或续期注册私立教育机构的理由。

（4）如果私立教育机构或其任何管理人员根据本法案第 37 条第 3 款阐明理由或述由时限已过期，理事会并不打算授予或续期注册私立教育机构，那么：

①理事会可以以书面形式将其决定告知私立教育机构和其管理人员；

②如果注册私立教育机构未获得续期，那么其注册随之失效。

暂停或取消注册

38.(1)理事会可以在毫无补偿的情况下,暂停(不超过 6 个月)或取消任何私立教育机构的注册,或者缩减私立教育机构的注册期,如果:

①私立教育机构不再是一个公司或注册的团体。

②私立教育机构的办公场所:

A.不适于提供私立教育;

B.不卫生或存在其他安全隐患;

C.被完全或部分地用于提供除教育以外的用途;

D.未遵从本法案第 71 条的规定。

③私立教育机构所有或超过半数的教师:

A.并未拥有本法案第 44 条第 1 款第 1 项规定的最低资格或经验标准;

B.并不是在私立教育机构提供教学合适而恰当的人选。

④理事会发现可以根据本法案第 37 条拒绝授予或续期注册私立教育机构的情况,且理事会在授予或续期注册前就已了解到该情况。

⑤理事会有合理的理由相信,提出授予或续期注册的申请在重要情节上存在虚假的表述。

⑥私立教育机构或其管理人员:

A.违反了本法案相关规定;

B.在私立教育机构的注册期内,根据本法案被定罪;

C.在私立教育机构的注册期内,在新加坡国内外因欺诈或不诚实而被定罪,或在裁定的犯罪中私立教育机构包括其管理人员有欺诈或不诚实的行为。

⑦私立教育机构管理人员并非经营或管理私立教育机构合适而恰当的人选。

⑧理事会认为授予或续期注册私立教育机构,并不符合公众或私立教育机构学生或未来学生的利益。

⑨私立教育机构未能遵守理事会根据本法案第 40 条做出的指示。

⑩理事会认为私立教育机构已停止提供私立教育。

⑪私立教育机构被清盘或解散。

⑫私立教育机构在注册时违反了规定的任何条款或条件。

⑬在理事会看来,私立教育机构的管理方式:

A.违背了公众的利益;

B.对学生或未来学生是不利的或可能是不利的。

(2)理事会根据本法案第 38 条第 1 款暂停或取消私立教育机构注册以及缩减私立教育机构的注册期之前,应以书面通知形式告知私立教育机构理事会的意图。

(3)私立教育机构在接到理事会根据本法案第 38 条第 2 款发出的通知后,相关私立教育机构或其管理人员可以在接到通知之日起 14 天内,向理事会阐明不应暂停或取消私立教育机构注册,或者不应缩减其注册期的理由。

(4)在私立教育机构或其任何管理人员根据本法案第38条第3款阐明理由或述由时限已逾期,理事会可以以书面通知的形式告知私立教育机构理事会的决定。

(5)理事会根据本法案第38条第1款所做的任何暂停或取消私立教育机构注册或者缩减其注册期的决定,应在理事会决议通知送达私立教育机构14天后开始生效。

批准更改名称

39.(1)所有已注册私立教育机构或其办公场所、学院或由其提供的教育场地如果更改名称,要获得理事会的批准。

(2)为实施本法案第39条第1款规定,意图根据本法案第39条第1款更改名称的已注册私立教育机构的管理人员,应按照规定的形式向理事会提交批准新名称的申请,并要连同缴纳规定的费用。

(3)理事会可以拒绝或同意根据本法案第39条第1款的申请,如果它认为私立教育机构或者其办公场所、学院或教育场地的新名称分属本法案第37条第1款第8项所列情况。

指示更改名称

40.(1)尽管本法案如此规定,但理事会仍可以指示已注册私立教育机构或者其办公场所、学院或教育场地更改名称,理事会根据本法案第39条予以批准,如果理事会认为私立教育机构注册时使用的名称或者其办公场所、学院教育场地的名称:

①分属本法案第37条第1款第8项所列情况;

②是根据《商标法》(第332号)发布的禁止令,限制使用的名称。

(2)接收本法案第40条第1款指示的已注册私立教育机构,应在接到指示之日起的6个星期内,或者在理事会准许的更长时限内实施该指示,除非该指示已被部长废除。

(3)所有已注册私立教育机构违反了本法案第40条第2款规定即属犯罪。

(4)为免生疑,理事会按照《商标法》(第332号)相关禁止令提及的任何决议均是正确的,应予以接受。

第2节 已注册私立教育机构的管理

管理人员的职责

41.(1)已注册私立教育机构管理人员的职责是经营或管理已注册私立教育机构,尤其是:

①确保备存含有以下信息的档案:

A.私立教育机构课程的管理情况;

B.私立教育机构教师的分配情况;

C. 私立教育机构学生的出席情况；

D. 私立教育机构行政与治理安排、财政情况、教育项目进展情况、学生福利落实情况、资源分配等。

②如果私立教育机构即将停止提供私立教育，确保私立教育机构切实以书面的形式通知理事会和私立教育机构的学生和准学生其停止的时间，以便学生所做的必要安排，即私立教育机构出资让学生到其他已注册私立教育机构完成相同或类似的课程：

A. 如果由于理事会根据本法案第37条拒绝续期注册私立教育机构或根据本法案第38条暂停或取消注册私立教育机构或缩减其注册期，那么，私立教育机构提供的教育必须停止且至少应在停止前14天内（或在特殊情况下理事会准许的时限内）做出安排；

B. 如果私立教育机构出于其他理由必须停止提供私立教育，那么，至少应在停止前30天内做出安排。

③在对私立教育机构办公场所或任何部分进行装修之前，应按照理事会规定的装修形式与风格获得理事会的许可。

④以书面形式：

A. 如果私立教育机构的所有权、控制或管理出现变更，应在变更之日起的14天内通知理事会；

B. 如果私立教育机构管理人员因犯罪被判监禁，应在定罪之日起的14天内通知理事会；

C. 如果私立教育机构提起任何法律诉讼，应在私立教育机构接到原诉法律程序之日起的14天内通知理事会。

⑤按照理事会规定的时间和形式，提供理事会随时需要的有关私立教育机构的信息或文件。

⑥履行规定的其他职责，或者在特殊情况下理事会随时以书面的形式通知附加的职责。

（2）为实施本法案第41条第1款规定，所有已注册私立教育机构的管理人员应：

①留存：

A. 电话号码；

B. 居住地址；

C. 电子邮箱或传真号码。

以便在涉及已注册私立教育机构的任何事宜上，理事会可以与之联系；

②通知理事会包含本法案第41条第2款第1项的联系方式；

③如果联系方式有所变更，应在变更之日起的14天内通知理事会。

（3）任何管理人员，如果没有合理的理由，却未能履行本法案第41条第1或第2款的规定即属犯罪。

停职或解雇管理人员

42.(1)在不损害本法案赋予理事会的其他权力的前提下,理事会可以随时指示已注册私立教育机构:

①将任命为已注册私立教育机构的任何管理人员停职或解雇,如果理事会认为该管理人员:

A.并非经营或管理已注册私立教育机构合适而恰当的人选;

B.难以履行本法案第41条规定的职责或本法案赋予管理人员的其他职责。

②任命理事会批准的其他人员,在理事会认为必要的时期内履行本法案第42条第1款第1项提及的管理人员的职责。

(2)任何已注册私立教育机构违反了理事会根据本法案第42条第1款所做的任何指示即属犯罪。

第3节 关于已注册私立教育机构课程的规定

提供课程的许可

43.(1)只有获得理事会书面许可并依照许可规定的条件,已注册私立教育机构方可在新加坡国内外单独或通过与其他人联盟、合作、加盟等方式提供课程。

(2)本法案第43条第1款不适用于任何规定的课程。

(3)只有获得部长的书面许可,已注册私立教育机构方可以自己的名义在新加坡国内外提供学位课程,以便授予副学士、学士、硕士或其他学位。

(4)根据本法案43条第1款向理事会提出许可的申请:

①应由已注册私立教育机构管理人员代表已注册私立教育机构(在本款中被称为申请人)按照规定的形式,在规定时间内向理事会提出;

②连同缴纳规定的费用。

(5)基于本法案第43条第4款已提交的申请,理事会经过必要的调查之后,可以授予许可或拒绝授予许可。

(6)在决定是否根据本法案第43条第1款授予许可时,理事会可以充分考量。

(7)理事会可以要求申请人在根据本法案第43条第4款提交申请时,提供理事会认为必要的信息或文件。

(8)如果申请人未能在理事会规定的时间内提供本法案第43条第7款提及的关于理事会需要的信息或文件,那么,该申请将被视为自动撤回。

(9)在不损害本法案第43条第5款规定的情况下,理事会授予已注册私立教育机构许可时附加的条款和条件,可包括要求已注册的私立教育机构成为或持续成为某一认证方案的成员。

(10)理事会可以在不给予补偿的情况下随时:

①增加、变更或撤销根据本法案第43条第5款授予许可时附加的条款或条件;

②暂停或撤销根据本法案第43条第5款授予的许可。

(11)任何已注册私立教育机构违反本法案第43条第1或第3款的规定即属犯罪。

(12)任何人故意或罔顾后果地进行以下活动：

①发布任何已注册私立教育机构提供课程的广告，而理事会并未根据本法案第43条第1款授予许可；

②索取或接受学生的任何课程费用；

那么，该人员即属犯罪。

第4节　关于已注册私立教育机构教师的规定

通知已注册私立教育机构教师

44.(1)已注册私立教育机构不得安排任何人员向该机构内的学生教授任何课程，除非：

①该人员具备最低资格，达到最低经验标准；

②已注册私立教育机构管理人员按照规定的形式并在规定时间内通知了理事会对该人员规定的情况；

③连同本法案第44条第1款第2项提及的通知，应一并缴纳规定的费用。

(2)理事会随时可以：

①附加它认为合适的关于已注册的私立教育机构教师的要求或限制，但并不只限于教师教授的科目或班级方面的要求或限制；

②增加、变更或撤销根据本法案第44条第2款第1项附加的任何要求或限制。

(3)任何已注册的私立教育机构违反了根据本法案第44条第2款附加的任何要求或限制即属犯罪。

禁止或限制指派教师的权力

45.(1)理事会随时可以指示已注册私立教育机构停止指派任何人员向其学生提供任何课程，如果理事会认为：

①根据本法案提供给理事会的该人员的信息在重要情节上存在虚假、令人误解或疏漏的情况；

②该人员未能具备本法案第44条第1款第1项规定的最低资格或经验标准，未能达到其他标准，难以胜任课程教授需求；

③作为已注册私立教育机构的教师，该人员的行为失当；

④该人员违反了本法案的规定；

⑤该人员并非是已注册私立教育机构合适而恰当的教学人选。

(2)任何已注册私立教育机构违反理事会根据本法案第45条第1款所做的任何指示即属犯罪。

第5节 关于私立教育机构广告的规定

禁止某些广告

46.(1)任何人不得故意或罔顾后果地发布或责成发布任何在重要情节上存在虚假或令人误解信息的关于私立教育机构的广告。

(2)为实施本法案第46条第1款规定：

①广告包括：

A.在新加坡国内出版或发行的报纸、期刊上刊登的广告；

B.在新加坡国内外通过广播或电视播出的广告；

C.在新加坡国内外通过其他方式发行的广告。

②关于私立教育机构的广告，在获得相反证明之前，应先推定其在重要情节上存在虚假或令人误解的信息，如果该广告：

A.不实地描述私立教育机构；

B.关于私立教育机构或其提供的课程包含虚假或令人误解的信息；

C.未能包含规定的信息或达到规定的要求。

(3)任何人违反本法案第46条第1款规定即属犯罪，一经定罪，将被处以不超过5 000美元的罚款，或不超过6个月的监禁，或两项并罚。

关于违反本法案广告的补救措施

47.(1)在不损害本法案第59条规定的情况下，如果任何人发布或责成发布的广告违反本法案第43条第12款或第46条的规定，那么，理事会可以指示该人员自费做以下事情：

①采取一切切实可行的措施撤回广告；

②按照理事会说明或批准的方式修改广告；

③停止发布任何与不合理广告完全或基本相同的其他广告；

④按照理事会说明或批准的形式并包含其说明或批准的信息，发布或责成发布修改过的广告。

(2)接收理事会根据本法案第47条第1款所做指示的人员，应承担所有由执行指示产生的费用和开支。

(3)如果接收理事会根据本法案第47条第1款所做指示的人员未能遵从该指示，那么，理事会可以采取它认为合理且必要的行动确保指示生效，由此产生的所有合理的费用和开支则将被视为该人员拖欠理事会的民事债务。

(4)任何人违反理事会根据本法案第47条第1款所做任何指示即属犯罪。

第6节　关于私立教育机构的行政处罚

理事会对于犯错误的私立教育机构采取的一般措施

48.(1)在不损害本法案赋予理事会其他权力的情况下,如果私立教育机构:

①违反注册的任何条款或条件;

②未能遵守本法案第39条第1款或第44条第1款或未实施本款规定的相关条例,但尚未构成犯罪,那么,理事会可以使用自由裁量权:

A.施以理事会认为适当的罚款,罚款金额不超过5 000美元;

B.批评私立教育机构;

C.命令私立教育机构的注册要遵从理事会附加的条款或条件,无论该条款或条件是对已有注册条款和条件的补充还是替代。

(2)根据本法案第48条第1款第2项任何私立教育机构应支付的罚款,可以视作该私立教育机构拖欠理事会的民事债务予以追讨。

(3)理事会在根据本法案第48条第1款做出有关私立教育机构的任何决定之前,应以书面形式告知私立教育机构其意图。

(4)在接到理事会根据本法案第48条第3款所下达的通知后,私立教育机构及其相关管理人员可以在接到通知之日起的14天内,向理事会阐明不应对它进行罚款、批评或根据本法案第48条第1款第2项下达命令的理由。

(5)如私立教育机构或其管理人员根据本法案第48条第4款阐明理由或者述理时限已过,理事会可以将其决定以书面形式告知私立教育机构。

(6)理事会根据本法案第48条第1款所做任何决定,应在理事会有关私立教育机构决定通知下达14天以后生效。

第4章　提供和管理其他服务

由理事会建立或维持认证方案

49.(1)理事会可以建立或维持一个或多个自愿认证方案,用于:

①已注册的私立教育机构;

②理事会认为合适的其他教育机构的任何班级。

(2)符合成为认证方案成员的教育机构可以向理事会提出申请,加盟成为认证方案成员。

(3)如果理事会认为教育机构达到了理事会确定的合格标准,那么,理事会可以接受教育机构成为认证方案成员的申请,但教育机构必须按照理事会规定的形式和方式提供一份书面承诺,说明它会遵守理事会确定的认证方案的条款和条件。

(4)理事会可以随时通过发布书面通知给认证方案成员或班级,更改任何认证方案的条款和条件。

(5)理事会确定的认证方案的条款和条件,应包括以下所有或部分内容:

①认证方案成员可以任命管理代表用于监督认证方案的有效实施以及维持相关要求;

②认证方案成员应向理事会提供它可能随时需要的所有必要的信息和文件,包括有关信息一致性或准确性的任何声明;

③认证方案成员应向理事会任命的评估人员提供合理的援助,包括但不仅限于向评估人员提供有用的信息以及确保评估人员考察认证方案成员办公场所时的安全;

④认证方案成员应缴纳其在提出申请和继续加盟成为认证方案成员所规定的费用;

⑤认证方案成员应遵守理事会随时规定的有关质量标准的行为准则或指南;

⑥认证方案成员应签署理事会确定的为实施认证方案而制定的学生学费保障方案,并遵守该学生学费保障方案的条款和条件;

⑦认证方案成员应确保有关自身及其他理事会规定的信息可以通过公开访问的方式获得;

⑧认证方案成员应允许理事会公布成员名单或者撤销、暂停、撤销已公布的成员的资格。

(6)理事会可以基于它规定的条款,限制和任命任何人员管理认证方案。

(7)由教育机构或其管理人员为实施认证方案而提供的任何信息包括:

①可以用于调查或起诉任何违法犯罪的人员;

②可以以研究成果、比较研究等形式使用或出版,或者用于理事会确定的其他用途。

对于某些其他服务的限制

50.(1)在未获得理事会批准的情况下,任何人员不得直接或间接确立、维持或提供各有关私立教育机构或私立教育的认证方案。

(2)在未获得理事会批准的情况下,任何人员在新加坡不得向新加坡国内外的任何私立教育机构提供考试服务。

(3)本法案第50条第1、2款不适用于:

①政府,根据任何成文法规定组建用于公共目的的法定机构,由政府或上述法定机构所有或控制的任何实体;

②本法案或其他成文法中规定的其他成员。

(4)根据本法案第50条第1、2款,理事会可以:

①根据理事会规定的条款和限制予以批准;

②通过书面形式随时撤销批准。

(5)任何人违反本法案第50条第1、2款规定即属犯罪。

第5章 上 诉

上诉委员会章程

51.(1)上诉委员会包括部长任命的1名主席和4名其他成员。

(2)部长可以任命上诉委员会秘书。

(3)除非部长有其他指示,否则所有上诉委员会成员的任期为3年,符合资格者可以连任。

(4)部长可以随时撤销上诉委员会任何成员的任命。

(5)上诉委员会成员可以通过书面形式向部长提出辞职。

(6)上诉委员会成员接受部长确定的薪酬、差旅费和生活补贴。

上诉委员会的职责、权力和规程

52.(1)上诉委员会的职责是根据本法案第53条第1款审理和决定所有上诉。

(2)为了根据本法案履行职责,上诉委员会拥有以下权力:

①提取宣誓口供;

②传唤任何人员参加上诉委员会的听证会做证或提供他所持有的任何文件或其他物品,但如果是在法庭上举行的诉讼,基于特权,相关人员无须回答任何问题或提供任何相关文件;

③命令调查任何私立教育机构的办公场所;

④进入并视察任何私立教育机构的办公场所。

(3)上诉委员会的法定人数是3人。

(4)如果上诉委员会主席在场,所有上诉委员会的会议均应由主席主持;如果主席不在场,则由在场的委员会成员选举其中一位代为主持。

(5)上诉委员会的诉讼不应向公众公开。

(6)不应对上诉委员会存在职位空缺质疑。

(7)根据《刑法》(第224号),所有委员会成员均应被视为公务人员。

向上诉委员会上诉

53.(1)如果任何人认为:

①理事会的任何决议:

A.拒绝根据本法案第36条授予或续期私立教育机构的注册;

B.根据本法案第36条附加注册私立教育机构的任何条款或条件;

C.根据本法案第38条暂停或取消私立教育机构的注册;

D.拒绝根据本法案第39条批准已注册私立教育机构或其办公场所、教育场地更改名称;

E.根据本法案第40条指示已注册私立教育机构或其办公场所、教育场地更改名称;

F.指示暂停或解除根据本法案第 42 条第 1 款第 1 项任命为已注册私立教育机构管理人员的任何人员,或者根据本法案第 42 条第 1 款第 2 项任命的履行私立教育机构管理人员职责的任何其他人员的职务;

　　G.拒绝根据本法案第 43 条第 1 或第 3 款授予许可,或者在授予许可时附加任何条款或条件;

　　H.根据本法案第 48 条第 1 款附加任何的罚款、批评或其他命令;

　　I.拒绝根据本法案第 50 条予以批准,或者根据本条附加任何的条款或条件。

　　①理事会根据第 34 条第 6 款、第 42、45、47、59、60 条所做的指示。

　　②任何根据本法案第 62 条索要明细或信息的要求。

　　③理事会根据本法案第 64 条第 3 款所做的任何决定。

　　(本法案中提及的所有决定、指示或要求均应是可上诉的)那么,根据本法案第 55 条可以在规定时间内按照规定的上诉类型向上诉委员会提起上诉。

　　(2)根据本法案第 53 条第 1 款提起上诉应按照本法案第 55 条规定的形式。

　　(3)上诉委员会可以:

　　①批准、驳回或修改相关可上诉的决议;

　　②按照上诉委员会认为合适的方式做出指示,包括指示理事会复查相关可上诉的决议。

　　(4)上诉委员会的决议应由委员会秘书以书面形式传达给上诉人。

　　(5)根据本法案第 53 条第 1 款提起的上诉不应暂停相关上诉的效力,除非该上诉涉及:

　　①理事会根据本法案第 34 条第 6 款或第 60 条所做的,要求私立教育机构或其管理人员将课程费用全额或部分返还给学生的书面指示;

　　②根据本法案第 55 条规定理事会任何其他可被暂停的上诉决议。

公开上诉委员会成员的利益冲突

　　54.(1)上诉委员会成员,由于他:

　　①担任的职务;

　　②在任何合约中享有的利益;

　　③拥有的任何财产;

　　④与本法案管理的私立教育机构或任何其他人员存在任何直接或间接关系;

　　⑤与任何贸易或消费群体有关系。

　　与其作为上诉委员会成员的职责存在或可能存在利益冲突,那么,他要就利益冲突的性质与程度向部长或由部长授权的任何人员做出声明。

　　(2)如果部长或由部长授权的任何人员认为,上诉委员会成员由于本法案第 54 条第 1 款中提及的利益冲突难以妥善而有效地履行职责,那么,部长可以更换相关成员或者指示相关成员回避参与涉及利益冲突的任何诉讼。

有关上诉的规则

55.(1)正式向上诉委员会提起上诉的时间。

(2)正式向上诉委员会提起上诉的形式。

(3)正式向上诉委员会提起上诉应缴纳的费用。

(4)上诉委员会应予以登记。

(5)为实施本部分任何条款有必要或适宜进行的所有事宜。

第6章 检查、执行与犯罪

任命督察员

56.(1)理事会可以任命其任何官员或雇员作为本法案的督察员。

(2)理事会要给督察员配备身份识别卡。

(3)督察员依法行使权力时,应向当事人出示身份识别卡。

(4)督察员可以检查已注册私立教育机构。

57.(1)督察员可以随时进入并检查任何已注册私立教育机构或所有管理的办公场所,以便查明其是否依法行事。

(2)督察员根据本法案第57条第1款开展检查时,可以:

①检查他认为必要的任何工作簿、文件或物品,以及取走或复印相关材料用于进一步检查。

②要求任何人,包括已注册私立教育机构的管理人员、教师或学生,到督察员或理事会任何官员面前:

A.提供他所持有或者由他保管的任何工作簿、文件或物品,以便督察员或理事会官员搬走或复印用于进一步检查;

B.提供在其职权范围内的任何信息,这涉及已注册教育机构管理、教学、学生活动或督察员规定的其他事务。

③做任何为开展检查必要或适宜的任何事宜。

督察员的执行权

58.(1)除本法案赋予的权力外,督察员可以:

①在合理的时间进入任何办公场所(无论是否为已注册私立教育机构所有或管理),当他有理由相信在其中可以找到违法犯罪证据时,可以搜查、没收及取走任何工作簿、文件或物品,或者复印他认为其中必要的内容;

②要求他有理由相信是犯罪当事人的人员提供身份证明;

③如果相关信息显示新加坡境内的某个人员可能了解案件事实,则以书面命令形式要求该人员到督察员面前作证;

④讯问任何熟悉案件情况或了解督察员所指明的其他事项的人,并将该人的陈述整理成书面材料;

⑤要求任何人员提供信息、工作簿、文件,或复印其中的相关内容,并且检查、复印、摘取、没收这些工作簿或文件;

⑥在督察员认为必要的情况下,对熟悉案件情况或了解督察员所指明的其他事项的人及相关场地进行拍照或录像。

(2)在本法案第58条第1款第4项中提及的人员,一定要如实陈述他所了解的事实。

(3)在本法案第58条第1款第4项中提及人员所做的陈述,应由他本人重新阅读一遍,修正后如有必要,应让他本人签名。

(4)调查过程中获得的所有陈述、回答、信息和文件,可作为依法起诉相关人员的证据。

规定补救措施的一般权力

59.(1)在不损害本法案赋予理事会的任何其他权力的情况下,如果理事会认为:

①任何已注册私立教育机构未遵守本法案规定;

②任何已注册私立教育机构未能有效或恰当地管理。

那么,理事会可以通过书面通知形式告知已注册私立教育机构的管理人员,指示他们采取措施并在通知规定时间内遵守本法案规定,或者有效或恰当地管理已注册私立教育机构。

(2)接收理事会根据本法案第59条第1款所做指示的已注册私立教育机构,应承担由于遵从指示所产生的费用。

(3)如果已注册私立教育机构管理人员未能遵从理事会根据本法案第59条第1款所做的指示,那么,理事会可以采取它认为合理和必要的措施来执行指示,并向已注册私立教育机构收取执行指示产生的所有合理的成本和费用,这些成本和费用可以看作已注册私立教育机构拖欠理事会的民事债务。

(4)如果接收理事会根据本法案第59条第1款所做指示的已注册私立教育机构的管理人员未能遵从指示行事,那么,私立教育机构的管理人员即属犯罪。

(5)如果根据本法案第59条第4款判定犯罪的人员有证据证实其有合理的理由未能遵从理事会指示,那么这些证据可以作为其免责辩护。

规定课程费用等的权力

60.(1)本款适用于私立教育机构的学生或准学生,关于私立教育机构提供的课程,如果:

①课程未能在规定时间开始;

②课程在规定时间开始,却提前结束;

③由于理事会根据本法案第37条拒绝续期私立教育机构的注册或者根据本法案

第38条暂停、取消或者缩短了私立教育机构的注册期,私立教育机构难以将全部课程授予学生或准学生,并且学生或准学生在默认期限前尚未离开该机构。

(2)在不损害本法案赋予理事会任何其他权力的情况下,理事会可以通过书面指示要求已注册私立教育机构的管理人员或者先前注册的私立教育机构,如下行事(视情况而定,可以全做或只做其中一项):

①在指示规定的时间内全部或部分返还给学生或准学生理事会认为合理的课程费用,如果这些费用是已注册私立教育机构或先前注册私立教育机构在默认期限之前向学生或准学生收取的;

②安排学生或准学生到其他已注册私立教育机构完成相同或类似的课程,课程费用等由私立教育机构缴纳,并且:

A. 如果由于理事会根据本法案第37条拒绝续期私立教育机构的注册或者根据本法案第38条暂停、取消或者缩短了私立教育机构的注册期,私立教育机构难以提供课程,那么,私立教育机构应至少提前14天或者在理事会规定的其他时限内通知学生或准学生;

B. 如果私立教育机构由于其他原因难以提供教育,那么,至少要在停止课程前30天通知学生或准学生。

(3)本法案第60条第2款适用于已注册私立教育机构或先前注册私立教育机构与其学生或准学生签署协议或合约的任何内容,并且根据本法案第60条第4款,学生或准学生有权接受根据本法案第60条第2款理事会所做指示中要求已注册私立教育机构或先前注册私立教育机构应返还的费用,在法庭上这可以视作民事债务。

(4)已注册私立教育机构或先前注册私立教育机构,如果学生或准学生接受本法案第60条第2款第2项的建议——到其他私立教育机构完成同样或类似的课程,那么,已注册私立教育机构或先前注册私立教育机构替他们缴纳相关费用,这可视为已返款,债务关系亦随之解除。

(5)如果注册私立教育机构或接受理事会根据本法案第60条第2款所做书面指示的私立教育机构的管理人员未能依照指示办事,即属犯罪。

(6)除本法案第60条第4款规定外,如果因本法案第60条第5款被指控犯罪的人员有证据证明他有合理的理由未能遵从理事会的书面指示而成为犯罪当事人,这些证据可以视作他的免责辩护。

(7)本条款内容并不影响《公益法》(第37号)、《公司法》(第50号)、《社团法》(第311号)或任何其他关涉私立教育机构清盘或解散的成文法发挥效力。

(8)在本款中,商定的开始之日,涉及私立教育机构提供的课程,主要指课程安排开始的时间。

默认期限指:

①如果本法案第60条第1款第1项适用,则指商定的开始之日;

②如果本法案第60条第1款第2或第3项适用,则指课程停止的时间。

一般犯罪与处罚

61.(1)任何人员:

①涉及根据本法案的任何申请或者根据本法案第44条第1款的任何通知:

A.故意做出虚假或不真实的陈述;

B.故意隐瞒重要事实。

②根据本法案第57或第58条,忽视或拒绝出示任何工作簿、文件或其他物品或者提供任何信息,忽视或拒绝到督察员面前接受调查,提供的工作簿、文件或信息在重要情节上存在虚假的情况,或者故意隐瞒重要事实;

③阻止或妨碍理事会、理事会的官员或督察员依照本法案赋予的权力行使职能或职责;

④被传唤到上诉委员会的听证会作证、出示任何文件或其他物品,在没有合理理由的情况下拒绝或忽视这样做,或者在上诉委员会听证会中拒绝回答任何问题,或其他妨碍或蒙骗上诉委员会依法行使权力的行为。

上述情况均属犯罪,一经定罪,将被处以不超过5 000美元的罚款,或不超过6个月的监禁,或两项并罚。

(2)如果对于任何因违反本法案获罪的人员未明确规定处罚,那么,一经定罪,罚款金额不应超过10 000美元,或监禁不应超过12个月,或两项并罚;如果是连续犯罪,需另加罚款,应在定罪后继续犯罪的时间内处以每天不超过1 000美元的罚款。

第7章 其 他

理事会发布索要明细或信息的权力

62.(1)理事会可以随时发布书面指示,要求任何人员提供指示中明确规定的与本法案适用的任何事宜的明细或信息。

(2)理事会根据本法案第62条第1款发布的指示可以:

①明确规定提供明细或信息的形式与时间;

②要求按照指示中明确规定的时间和形式,定期提供明细或信息;

③规定递送明细或信息的场所或方式。

(3)接收理事会根据本法案第62条第1款发布指示的人员,应最大限度提供指示中规定的明细或信息。

(4)如果没有合理的理由,任何人员未遵从理事会根据本法案第62条第1款发布的指示即属犯罪。

(5)任何人员按照或佯装按照理事会根据本法案第62条第1款发布的指示行事,却故意提供虚假或误导性的信息或文件即属犯罪。

登记和发布信息

63.(1)理事会可以依照它确定的方式建立、保存、责成发布有关以下内容的登记：

①已注册私立教育机构或其班级，以及其他规定的人员；

②由本法案第63条第1款中提及的人员提供的课程；

③有关私立教育的其他信息或者理事会确定的任何方案。

(2)根据本法案第71条制定的条例，可以用于规定根据本法案第63条第1款建立或保存登记的方式，包括登记中必需的细节或明细。

(3)任何人员在支付规定的费用后，均可查阅或提取根据本法案第63条第1款建立的登记信息。

(4)如果得到理事会授权，那么根据本法案第63条第3款提取的登记副本，可以用作法律诉讼的证据。

理事会有关纠纷调解方案的权力

64.(1)可以根据本法案第71条制定条例来确定一个或多个纠纷调解方案，用于解决已注册私立教育机构向学生提供服务而产生的纠纷。

(2)在不损害本法案第64条第1款权力的情况下，可以根据本法案第71条制定条例：

①要求已注册私立教育机构或其任何班级参加规定的纠纷调解方案，并要遵守方案规定的条款和条件；

②在每个纠纷调解方案中规定一系列得到认可的纠纷调解中心；

③实行本条款规定。

(3)如果理事会认为任何已注册私立教育机构违反了本法案第64条第2款的任何规定，那么，理事会可以实行以下所有或部分处罚：

①强制执行理事会认为合适的经济处罚，但总额不应超过5 000美元；

②理事会出于公共利益或保护公众的需要，谴责私立教育机构；

③命令已注册私立教育机构遵守理事会附加的条款或条件，包括额外的和替代性的条款和条件。

(4)理事会在根据本法案第64条第3款制定任何有关私立教育机构的决议之前，应以书面通知形式告知私立教育机构。

(5)私立教育机构或其管理人员在接到理事会根据本法案第64条第4款发出的通知后，可以在接到通知之日起的14天内，向理事会阐明不应对之进行经济处罚、谴责或根据本法案第64条第3款第3项下达命令的理由。

(6)在私立教育机构或其管理人员根据本法案第64条第5款阐明理由之后或申诉时限已过，理事会应将其决议以书面形式告知私立教育机构。

(7)根据本法案第53条，理事会根据本法案第64条第3款所做的任何决议将在决议通知送达相关私立教育机构的14天后开始生效。

(8)理事会可以使用自由裁量权,通过政府公报发布通知等它认为合适的方式,发行和出版它认为合适的指南,用于为运作规定的纠纷调解方案提供指导。

法庭的管辖权

65.尽管有违于《刑法》(2010年)的部分规定,但地方法院有权根据本法案审判,并有权对犯罪行为实施完全的处罚。

法人团体等的犯罪

66.(1)如果根据本法案,法人团体犯罪:

①犯罪行为的发生得到了官员的同意或默许;

②犯罪行为的发生是由官员的疏失所致。

那么,该官员以及法人团体即属犯罪,他们将被起诉并处以相应的惩罚。

(2)如果法人团体的事务由其成员管理,那么,本法案第66条第1款规定同样适用于行使管理职能的成员。

(3)如果是合伙犯罪:

①犯罪行为的发生得到了伙伴的同意或默许;

②犯罪行为的发生是由伙伴的疏失所致。

那么,双方均属犯罪,将被起诉并处以相应的惩罚。

(4)如果是非法人团体犯罪(除合作关系):

①犯罪行为的发生得到了非法人团体官员或管理团体成员的同意或默许;

②犯罪行为的发生是由上述官员或管理团队成员的疏失所致。

那么,该官员或管理团队成员连同非法人团体均属犯罪,将被起诉并被处以相应的惩罚。

(5)在本条款中,官员:

①涉及法人团体,主要指法人团体的主管、合资人、管理委员会成员、行政长官、管理人员、秘书或其他类似的官员以及声称行使上述职能的任何人员;

②涉及非法人团体(除合作关系),主要指非法人团体的主席、秘书委员会的任何成员,或者担任类似上述职位的任何人员,并包括声称行使上述职能的人员。

(6)部长可以制定规则并做出他认为合适的修改,将本条款规定应用于根据新加坡境外地区的法律组建或认可的任何法人团体及非法人团体。

和解

67.(1)行政长官或由他授权的任何官员,可以使用自由裁量权,通过向当事人收取一定金额的和解金,对可以和解的违法犯罪行为予以和解,和解金的金额:

①不能低于规定金额上限的50%;

②5 000美元。

以两款中较低款为准进行处罚。

(2)在支付一定数额的和解金后,不应再对当事人提起诉讼。

一般豁免

68.部长可以通过政府公报发布命令,要求任何人员、课程或广告遵从本法案的任何规定,或是接受规定的条款或条件。

文件服务

69.(1)本法案必需或授权的需要送达的任何通知、命令、指示或其他文件,应送达:

①如果是个人:

A.应亲自送达本人;

B.交给居住在该人员住所的成年人,或者通过挂号信邮寄到该人员经常出现的或最后为人所知的住所;

C.交给明显受雇于该人员营业场所的成年人,或者通过挂号信邮寄到该人员经常出现的或最后为人所知的营业场所;

D.在该人员经常出现的或最后为人所知的住所或营业场所的显著处张贴通知;

E.通过传真发送到该人员经常出现的或最后为人所知的住所或营业场所的传真号码上,或该人员最后给予理事会的用于文件服务的传真号码上。

②如果是合资企业(有限责任合资企业除外):

A.应送达任一合资人,或者合资企业的秘书或类似职位的人员;

B.送到或通过预付费挂号信邮寄到合资企业在新加坡主要的或最后为人所知的营业场所;

C.通过传真发送到该合资企业在新加坡主要的或最后为人所知的营业场所使用的传真号码上。

③如果是有限责任合资企业或任何其他法人团体:

A.应送达法人团体的秘书或其他类似职位的人员,如果是有限责任合资企业,应送达企业经理;

B.送达或通过挂号信邮寄到有限责任合资企业或法人团体在新加坡注册的办公地址或总办事处;

C.可以通过传真发送到该有限责任合资企业或法人团体在新加坡注册的办公所在地或总办事处使用的传真号码上。

(2)如果本法案规定必需或授权的需要送达的任何通知、命令、指示或其他文件根据本法案第69条第1款发送到最后为人所知的住所、营业场所、注册的办公地址或者总办事处,在接到通知后,即视为已经妥善送达相关人员。

(3)如果本法案规定必需或授权的需要送达的任何通知、命令、指示或其他文件通过挂号信邮寄,在上述文件邮寄后的第2天即被视为已经送达相关人员,无论邮件是否因无法投递而被退回。

(4)本法案规定必需或授权的任何通知、命令、指示或其他文件需要送达办公场所的所有人或占用人:

①可以将上述文件或其准确副本送达办公场所的成年人,如果该场所没有类似人员,可以将通知、命令、指示或文件粘贴在办公场所显著处;

②在完成本法案第69条第4款第1项后,上述文件如注明接收场所的所有者或占有者,即应被视为已妥善送达。

(5)在不损害本条款规定的情况下,本法案规定必需或授权的任何通知、命令、指示需要送达私立教育机构的管理人员:

①可以将上述文件或其准确副本送达私立教育机构办公场所的成年人,如果该场所没有类似人员,可以将通知、命令、指示或文件粘贴在办公场所显著处;

②在完成本法案第69条第5款第1项后,上述文件如注明送交已注册私立教育机构的一名或多名管理者,即应被视为已妥善送达。

(6)本条款不适用于法庭诉讼使用的通知和文件。

修改附件

70.(1)部长可以随时通过政府公报发布命令修改本法案附件1,以添加任何教育课程作为私立教育内容。

(2)部长根据本法案第70条第1款发布命令时,如果他认为必要或合适,可以制定附带的、间接的补充规定。

(3)根据本条款所制定的任何命令通过政府公报发布后,应尽快呈送国会。

制定条例

71.(1)在获得部长批准后,理事会如果认为必要或合适,可以制定相关条例,用于实施本法案规定。

(2)在不损害本法案第71条第1款规定的情况下,根据本法案第71条第1款指定的条例用于或涉及以下所有或部分事务:

①使用的表格,提供的信息或文件,用于其他用途的任何申请和表格;

②依法应支付的费用及收费,包括逾期付款的利息或罚金,以及豁免、退还或减免的费用(无论全部还是部分);

③有关私立教育机构名称或私立教育机构任何办公场所、学院或所提供教育的名称的要求和限制,以及上述名称的使用或展示;

④私立教育机构办公场所,包括但不仅限于:

A. 对于办公区或行政区的要求;

B. 教室的数量、类型和大小;

C. 提供的设施与设备;

D. 办公场所内部或周围的标牌;

E. 办公场所的使用;

F. 与其他人员共用办公场所的条件。

⑤依法保存、查阅、提取、供应副本以及上交理事会登记或记录(包括财务记录);

⑥私立教育机构按照规定的形式出版有关其办公场所、教师与课程的信息,包括但不仅限于课程费用、课程表、考试时间表、课程明细以及项目模块;

⑦已注册私立教育机构所提供课程的管理,包括但不仅限于有关课程名称、课程周期、学生注册、与学生签订协议或合同的形式与内容,建立用于监督学术、考试或管理机构与进程的委员会或其他类似团体等;

⑧已注册私立教育机构分配教师;

⑨使用由私立教育机构(或代表)刊登的广告,由私立教育机构(或代表)的任何用于商业目的的募集或游说;

⑩使用理事会的任何认证或检验标志;

⑪有关提供任何私立教育服务人员的条例,包括应用于该人员的本法案的规定以及修订的规定;

⑫根据本法案第67条可以和解的犯罪行为;

⑬规定所有本法案需要或允许规定,或者为实施本法案需要或合适规定的所有事宜;

(3)根据本法案第71条第1款制定的条例:

①可以涉及所有或任何类别或种类的私立教育机构;

②可以为不同类别或种类的私立教育机构制定不同的规定;

③除了规定用于本法案第48条的条例,每项罪行可以规定不超过10 000美元的罚款或者最高不超过12个月的监禁或两项并罚,如果是连续犯罪的情况,需另加罚款,应在定罪后继续犯罪的时间内处以每天不超过1 000美元的罚款。

不适用于某些教育机构

72.本法案不适用于以下人员,这些人员不应被视为私立教育机构的管理人员或教师,如果:

(1)政府部门或由政府部门所有或控制的任何实体,以及政府学校的教师。

(2)根据《工艺教育学院法》(第141A号)建立的新加坡工艺教育学院,或者(完全或部分)属于新加坡工艺教育学院(完全或部分)的任何公司或企业,及其教师。

(3)以下理工学院或企业,及其教师:

①根据《南洋理工学院法》(第191A号)建立的南洋理工学院;

②根据《义安理工学院法》(第207号)建立的义安理工学院;

③根据《共和理工学院法》(第270号)建立的共和理工学院;

④根据《新加坡理工学院法》(第303号)建立的新加坡理工学院;

⑤根据《淡马锡理工学院法》(第323A号)建立的淡马锡理工学院;

⑥由上述理工学院所有(完全或部分)的任何公司。

(4)任何其他根据公共法建立或组建且具有公共职能的团体,或者由上述团体所有(完全或部分)或控制的用于提供教育的任何实体及其教师。

(5)根据《新加坡教育法》注册的且依法接受政府资助或援助的任何学校,其管理委员会、管理人员和教师,除非该机构根据本法案第 2 条关于"私立教育机构"的定义发表通知表明其为私立教育机构。

(6)任何面向身心障碍学生的根据《新加坡教育法》注册并接受政府资助的特殊学校,其管理委员会、管理人员和教师。

(7)只依照宗教信仰与原则提供教育的任何教育机构的管理委员会、管理人员和教师,包括根据《新加坡教育法》第 3 条豁免的学校以及《穆斯林法》(第 3 号)提及的学校。

(8)根据《学校董事会(公司)法》(第 284A 号)组建的任何学校的董事会,其董事及学校教师。

(9)南洋理工大学、新加坡国立大学、新加坡技术与设计大学和由成文法确定的提供大学教育的任何其他人员,由上述大学或人员所有(完全或部分)或控制的任何实体,以及大学和实体内的教师。

(10)根据《儿童和青少年法》(第 38 号)批准、指定或建立的任何安全场所或青少年康复中心,或者根据《罪犯感化法》(第 252 号)第 12 条批准的任何认可的机构,以及管理人员。

例外及过渡性规定

73.(1)尽管本法案如此规定,任何人员在本法案第 3 章正式生效之前已根据《新加坡教育法》注册并:

①在新加坡境内外提供私立教育,无论是在新加坡还是其他地方;

②无论是否在新加坡境内授予有关私立教育的任何学位、文凭或证书(包括荣誉学位或其他学术资格),(本条款指现有正规私立教育机构),应在自本法案第 3 章生效起的 18 个月内被视为已经注册为私立教育机构,如果该机构根据《新加坡教育法》注册的条件不违背本法案的规定。

(2)尽管本法案如此规定,在本法案第 43 条正式生效前,任何现行正规私立教育机构已经根据《新加坡教育法》提供课程,无论在新加坡境内还是境外,亦无论是单独还是与其他机构通过联合、合作或加盟方式提供课程,均应被视为理事会根据本法案第 43 条予以许可,时限与本法案第 73 条第 1 款规定相同。

(3)尽管本法案如此规定,在本法案第 44 条正式生效前,任何现行正规私立教育机构已经根据《新加坡教育法》依法分配教师给该机构的所有或任何学生授课,那么,该机构应被视为已经遵从本法案第 44 条的规定,时限与本法案第 73 条第 1 款规定相同。

(4)如果在本法案第 3、4、5、6 章规定正式生效之前,教育署署长或其代表已经根据《新加坡教育法》已着手处理任何有关现有正规私立教育机构的事宜,部长或上诉委员会根据《新加坡教育法》亦开始着手处理上述事宜,那么,这些事情可以在理事会授权下继续和完成,部长或上诉委员会应遵从上述部分法案的规定。

(5)尽管本法案如此规定,任何机构(除现行正规私立教育机构)在本法案第3章规定正式生效之前:

①已经提供私立教育,无论在新加坡境内还是境外;

②授予有关私立教育的任何学位、文凭或证书(包括荣誉学位或其他学术资格),无论在新加坡境内还是境外,自该日起的2个月内仍有权提供私立教育或授予学位,并且如果在期满前该机构根据本法案第3章规定依法注册,那么该机构即有权继续提供私立教育或授予学位直到:

A.该机构根据本法案第3章规定依法注册的时间到期;

B.该机构根据本法案第3章规定提交的注册申请被拒绝或撤销。

(6)在本法案第3章生效之前,任何由私立教育机构根据《新加坡教育法》提交的未予处理的注册申请,将被视为作废。

(7)本条款规定生效2年后,随着本法案规定的实施,如果部长认为必要或合适,他可以按照制则规定例外或过渡性条款。

附件1　本法案第2条和第70条第1款私立教育的定义

1.在附件1中,除非上下文另有其意,否则:

服务合同,与《新加坡就业法》(第91号)第2条同义;

雇员,指与雇主签订服务合同并根据服务合同工作的人员;

雇主,与《新加坡就业法》(第91号)第2条同义;

全日制,涉及教育规定,指提供至少1个月的教育,每周5天,每天不少于3小时;

中等后教育,指面向16周岁及以上学生的正规教育;

初等或中等教育,指面向6周岁以上18周岁以下学生的正规教育。

2.私立教育指以下所有类型的教育:

(1)为获得文凭或学位而提供的教育。

(2)为获得证书而提供的全日制中等后教育。

(3)完全或绝大部分依照国外或国际课程提供的全日制初等或中等教育。

(4)面向身心障碍学生提供的全日制特殊教育。

(5)帮助学生准备考试的全日制教育,这些考试:

①帮助学生获得全日制教育机构以外机构授予的学术资格;

②帮助学生获得进入相应教育机构的资格。

3.私立教育不包括:

(1)学徒制,雇主采用学徒制雇佣人员并对其进行培训,或为了贸易或职业需要系统地培训人员。

(2)任何雇主提供的仅面向其雇员的任何教育。

附件2　本法案第3条至第5条私立教育理事会的组建与程序

任命主席及成员

1.(1)理事会主席和其他成员由部长任命。

(2)部长可以任命行政长官担任理事会成员。

任命副主席

2.(1)部长可以使用自由裁量权,任命任何成员担任理事会的副主席。

(2)根据主席所做的指示,副主席可以行使本法案赋予主席的所有或部分权力。

(3)如果由于某些原因主席难以履行职能或主席职位空缺,副主席可以行使本法案赋予主席的所有或部分权力,履行所有或部分职责。

成员任期

3.理事会成员应遵从部长规定的条件任职,且任期不得超过3年,但有资格连任。

临时主席、代理主席或其他成员

4.如果主席、副主席或其他成员由于疾病等原因丧失工作能力或暂时不在新加坡,那么,主席可以任命任何人员在这段时间担任临时主席、代理主席或其他职务。

撤销任命

5.如果部长认为根据本法案或公众利益,为确保理事会有效且经济地履行职能而有必要这样做,他随时可以撤销主席、副主席或理事会其他成员的任命。

辞职

6.理事会成员可以随时辞职,但需至少提前一个月通知部长。

主席可以委托职能

7.主席根据他认为合适的条件或要求,以书面形式授权任何理事会成员行使本法案赋予主席的任何权力或职能。

离职

8.如果理事会成员由于以下原因出现职位空缺:

(1)该成员死亡。

(2)该成员在没有充分理由的情况下(理由充分与否由理事会决定)连续3次缺席理事会会议。

(3)该成员作为理事会成员的资格被取消。

(4)该成员辞职。

(5)该成员的任命被撤销。

那么,该成员即被视为离职。

填补空缺

9.如果理事会成员职位出现空缺,那么部长可以根据本法案附件2第10条任命任何人员填补空缺,该人员可以在离职理事会成员的剩余任期内任职。

取消资格

10.任何人员不应被任命或继续担任理事会成员,如果他:

(1)是未解除债务的破产人员。

(2)被判入狱6个月以上,并未获得赦免。

(3)由于身体原因或精神疾病丧失工作能力。

(4)由于其他原因难以或不适合履行理事会成员职能。

成员公开利益

11.(1)如果理事会成员无论以任何方式直接或间接地在理事会的交易或项目中享有利益,那么,他应在了解相关事实后,于初次参加理事会会议时公开其享有的利益。

(2)理事会成员根据本法案附件2第11条第1款公开利益应记录在理事会的会议记录中,并且,在公开利益后,当事人不得参与理事会有关交易或项目的审议或决议过程。

(3)为了确定会议是否达到法定人数,相关理事会成员不得投票或参与会议,但仍应被视为已经出席了会议。

(4)如果理事会成员的配偶、父母、继父母、亲生子女、养子(女)、继子(女)在本法案附件2第11条第1款提及的理事会的交易或项目中享有利益,则即被视为该成员在该交易或项目中享有利益。

支付给成员的薪资、酬金和津贴

12.理事会应支付给其成员的薪资、酬金和津贴,金额由部长决定。

法定人数

13.(1)理事会的所有会议,如果有三分之一的成员或3名成员出席,此二者以高者为准,那么,该会议即达到法定人数。

(2)主席或临时主席应主持理事会会议。如果主席和临时主席均缺席会议,那么可从出席会议的成员中选出一人主持会议。

(3)如果过半数成员参与理事会会议并投票,那么该会议决议即为有效。但如果出现票数相同的情况,主席或任何其他主持会议的成员在原有一票之外还应投出决定票。

会议程序

14.(1)主席或由他任命的任何官员依照理事会根据本法案附件2第14条第2款制定的议事程序,可以召集理事会会议来派遣业务。

(2)理事会可以制定议事程序,用于规定其一般程序,尤其是召开会议,发布会议通知、会议程序、会议记录,会议记录的保存、制作和查阅,以及开户、保存、关闭和审计账目的程序。

行为或诉讼的有效性

15.不应基于以下理由,质疑理事会的任何行为或诉讼:
(1)理事会存在任何空缺或建制有缺陷。
(2)任命任何人员担任主席或其他成员存在过失。
(3)理事会在程序上存在并不影响案情的任何疏漏、过失或违规。
(4)理事会成员违反了本法案附件2第11条的规定。

附件3 本法案第22条财务规定

理事会账目

1.理事会应妥善备存账目、交易和事务记录,以确保:
(1)所支付的款项是准确且经过授权的。
(2)完全掌控或监管理事会的资产和开支。

审计员

2.应由审计长或经与审计长磋商、由部长任命的其他审计员审计理事会账目。

任命审计员

3.只有根据《会计师法》(第2号)注册为公共会计师的人员,方有资格根据本法案附件3第2条被任命为审计员。

审计员的报酬

4.审计员的报酬应由理事会支付。

年度财务报表

5.理事会应在财政年度结束后尽快准备和提交本年度的财务报表给审计员,审计员将进行审计并做出报告。

审计员的职责

6.在审计员的报告中应阐明:
(1)财务报表是否清楚地显示了理事会的财务状况。
(2)是否妥当保管账目或其他记录(包括理事会所有资产的记录)。
(3)本财政年度理事会收入、支出和投资的款项,以及获取或处理的资产,是否符合本法案规定。
(4)审计员认为必要的与审计有关的其他事宜。

审计员的报告

7.(1)审计员在接到审计报告后,应尽快将其提交理事会。

(2)如果审计员认为必要,或者部长、理事会需要,审计员应向部长或理事会提交定期报告或特别报告。

审计员的权力

8.(1)审计员或他授权的任何人员,在合理时间内,有权全面且自由地查阅所有账目以及其他直接或间接与理事会财务事项有关的记录。

(2)审计员或他授权的任何人员可以复印或摘录上述账目和其他记录。

(3)审计员或他授权的任何人员如果认为是正常履行本法案赋予的职能,那么,他可以要求任何人员提供其掌握的信息。

阻碍审计员的处罚

9.任何人员,如果没有合理的理由,未能遵从本法案附件3第8条审计员或其授权人员的要求,或者在其他方面阻挠、妨碍、延误审计员或其授权人员依法履行职能,那么该人员即属犯罪,一经定罪,将被处以不超过1 000美元的罚款。如果是连续犯罪,应在定罪后继续犯罪时间内每天处以不超过100美元的罚款。

呈送已审计的年度财务报表和审计员报告

10.理事会的账目和财务报表依照本法案经过审计后,理事会应尽快将由主席签名的已审计的年度财务报表和审计员报告的副本各一份呈送部长。

审计员报告副本提交审计长

11.如果审计长并未任命审计员,那么,已审计的年度财务报表和审计员报告的副本在提交理事会的同时,也应提交一份给审计长。

呈送国会

12.部长应尽快责成将已审计的年度财务报表和审计员报告的副本呈送国会。

菲律宾

菲律宾高等教育法

第一条 简 称
本法案可以称为《高等教育法》(1994年)[①]。

第二条 政策声明
国家应保护、培育和促进公民享有接受负担得起的优质的各级教育的权利,并采取妥善的措施确保人人都有机会接受教育。国家同样应保护学术自由,推动学术自由的实践与贯彻,以促进教育的持续发展、学术与研究的进步、负责而高效的领导能力的提升、中高级专业人员的教育和历史文化遗产的发掘。

公立高等教育机构应调整项目以适应国家和地方的发展规划。最后,所有高等教育机构均应通过物理和自然环境来展现学术风采,以及其对于学术知识的尊崇。

第三条 创建高等教育委员会
为实施上述政策,需成立高等教育委员会(下文简称委员会)。

委员会独立于教育、文化与体育部,直接隶属于总统办公室,以便于管理。委员会负责所有的公立、私立高等教育机构以及所有公立、私立中等后教育机构的学位授予。

第四条 委员会的构成
委员会应由5名全职成员组成。在本法案获准后的过渡期内,总统可以任命教育、文化与体育部部长担任委员会的职权主席,任期不超过1年。其后,总统应任命委员会主席和4名委员,他们应拥有博士学位,积极从事高等教育工作时间不少于10年,并且在获得任命前最近一次选举中,未担任竞选职位的候选人。他们应是学者,作为其所在学术领域的杰出人物,应以高度的专业精神与诚信而著称。委员会成员应来自不同的学术领域。

在任何情况下,任何委员均不得任命代表代其行使职能。

第五条 任 期
总统可以任命全职主席和委员,任期为4年,并可以连任。第一届被任命人员的任期应为:全职主席任期为4年,2位委员任期为3年,另外2位委员任期为2年。

委员供职截至其继任者获得任命之日。如果委员会成员未能完成任期,应由总统任命其继任者,但继任者只能在前任成员未完成的任期内任职。

[①] 本法案用于创建高等教育委员会,并规定拨款及其他事宜。

第六条 职级和报酬

主席和委员在职级上分别相当于部长和副部长。他们获得的报酬等分别等同于部长和副部长,并根据同样的审查条件进行罢免。

第七条 顾问委员会

应组建顾问委员会,与高等教育委员会每年召开1次以上会议,用以辅助高等教育委员会根据国家的文化、政治、社会和经济发展需要以及符合世界一流学术建设的要求来调整政策与规划。

顾问委员会的构成情况如下:

(一)教育、文化与体育部部长,担任主席;

(二)国家经济发展署署长,担任副主席;

(三)科技部部长;

(四)贸工部部长;

(五)劳工与就业部部长;

(六)菲律宾认证协会联合会主席;

(七)私立教育援助基金会会长。

另外2名顾问委员会委员由高等教育委员会推荐,总统任命。

第八条 委员会的权力与职能

委员会拥有以下权力与职能:

(一)建议与规划有关高等教育与研究的发展规划、政策、优先顺序和项目;

(二)建议与规划研究的发展规划、政策、优先顺序和项目;

(三)建议成立有关高等教育与研究的行政与立法机构、规定优先顺序和补助金;

(四)为高等教育项目和机构制定最低标准,该标准应由领域内的专家小组提议、接受公开听证并予以执行;

(五)监测和评价高等教育项目和机构的绩效,采取适当的激励与惩罚措施,但并不仅限于减少或撤销补助,例如建议降级或撤销认证、终止项目或学校停课等;

(六)确立、支持并发展项目领域内的潜在卓越中心,以满足打造世界一流学术环境以及国家建设和民族发展的需要;

(七)向预算与管理部建议有关公立高等教育机构预算及其使用收入的一般指南;

(八)促进高等教育机构和项目的合理化,并根据创建、转型或提高高等教育机构所在省份或区的预算及其高等教育机构数量,制定用于创建新的高等教育机构以及转型或提高学校为高等教育机构的标准、政策和指南;

(九)制定用于分配诸如研究和项目开发补助金、奖学金等额外资源的标准,这并不影响大学已经获得的财政自主权;

(十)指示高等教育机构开展立项研究,以满足农业产业化发展的需求;

(十一)设计和实施资源开发方案;

(十二)根据本法案第十条对于高等教育发展基金的描述,推动实现高等教育各项目标;

(十三)考察高等教育机构和国立大学的章程,包括其管理团体主席和成员的资格,为必要的行动建议采取适当的措施;

(十四)发布规则和条例,行使必要的其他权力与职能,用于有效实施本法案的目的和目标;

(十五)履行必要的其他职能,用于有效地运营以及持续地发展高等教育。

第九条 秘书处

委员会应组建以执行官为首的秘书处,遵照国家报酬与职位分类规划。应确定秘书处的人员编制模式,明确职责、资格、责任与职能,以及根据执行官建议创设职位的报酬计划,它也应具有准备预算和批准预算的职能。

委员会应根据执行官的建议,任命秘书处人员。

第十条 高等教育发展基金

高等教育发展基金(以下简称基金)已经建立,专门用于发展全国的高等教育。

政府对于基金的捐助情况如下:

(一)5亿菲律宾比索,作为原始资本;

(二)5 000万菲律宾比索,作为委员会的启动资金;

(三)每年旅游税总额的约40%;

(四)专业注册费总额的约30%;

(五)菲律宾慈善抽奖办公室销售彩票收入的约1%。

自1995年财政年度开始,根据委员会的请求,政府财政机构均会向基金捐助其不少于3%但不超过5%的上一财政年度的盈余。

基金还有一部分来自个人的捐赠或提供的其他内容,例如无偿的材料、设备、财产和服务等。

第十一条 高等教育发展基金的经营与管理

基金由委员会管理。为了合理管理基金,委员会可以任命信誉良好的政府金融机构担任基金会的投资组合经理,但要遵守以下条件。

作为基金的管理者,委员会应根据以下条件,准备必要的使用指南:

(一)基金的原始资本,包括收益,不得用于支付日常管理费用;

(二)除非私人捐赠者另有规定,否则只有私人捐赠的收益可用于支付日常管理费用;

(三)委员会应任命和组织独立的员工,其行政职能和经济预算独立于委员会秘书处;

(四)基金应根据地区和计划公平使用。

第十二条 专家小组

委员会应重组和设立面向不同学科和项目的专家小组。他们应协助委员会制定标准,监测和评价项目与机构。专家小组应由委员会任命的资深专家或院士组成。

第十三条 确保学术自由

本法案的所有规定不应解读为限制大学和学院的学术自由。尤其是,委员会不应缩减任何教育机构的课程自由,除了:

(一)为具体的学术课程制定最低要求;

(二)委员会确定的有关教育分配补助金的总体要求;

(三)由各授权实体规定的具体专业科目要求。

不得对私立教育机构施加任何未对公立高等院校提出的学术或课程限制。

第十四条 认 证

委员会应奖励课程经过认证的或准备接受认证的公立、私立高等教育机构。

第十五条 免 税

捐赠人向委员会提供的任何捐赠、捐款、遗赠,在计算所得税时无须缴税,但应符合经修订的《菲律宾国家内部收入法》的规定。

第十六条 权 威

委员会可以在其办公或运营场所正当行使权力与职能,同时,也可以寻求政府其他机构的协助以便妥善地实施本法案的规定。

第十七条 拨 款

拨款5亿比索作为基金的原始资本。此外,以国库或菲律宾娱乐和博彩公司拨出的5 000万比索作为委员会的启动资金。

相当于本年度对高等教育局和职业技术教育局的学位授予项目——包括高等和第三级教育的项目和区办事处职业技术教育局负责的学位授予和职业技术教育项目,以及教育、文化与体育部预算中有关高等和第三级教育以及学位授予和职业技术教育项目,例如提供个人服务、维护和其他运营开支及资本支出——所有拨款的总额应转移到委员会。

此后,必要的资金应纳入一般拨款法案。

第十八条 过渡性规定

高等教育局的工作人员、财产、资产与负债、职能与责任,包括在教育、文化与体育部和其他政府部门管辖下的区办事处负责高等和第三级教育以及学位授予和职业技术教育项目的机构,如果其职能类似于委员会,均应转移到委员会。

委员会有权任命自己的工作人员。

对转移到委员会的所有正式或永久雇员,均不得减少工龄、降低职位或降低薪酬。

对未转移到委员会的高等教育局的工作人员,教育、文化与体育部应将其重新分配到其他办事处或部门;假如仍有雇员难以安置,应根据现行的法律、规章制度给予该人员所应获得的补偿。

由教育、文化与体育部监督或国家支持的授予学位的中等后职业技术项目和高等院校,均应转移到委员会。

应创设一个过渡性机构,该机构由教育、文化与体育部秘书,教育、艺术和文化参议会主席,教育与文化内务委员会主席以及基督教学校和学院协会,菲律宾天主教教育协会,菲律宾高等院校协会,菲律宾私立学校、学院与大学协会,菲律宾公立高等院校协会,菲律宾私立技术学院协会各派1名代表组成。

过渡性机构应在本法案生效后的3个月内推动委员会全面运作。同样的,它应公布必要的规章制度,以便有效地实现向委员会平稳而有序地过渡。过渡期应自本法案获准生效之日起不超过3个月。

第十九条　废除条款

所有法律、总统法令、行政命令、规则、条例或其部分内容,如与本法案的规定相违背,应予以废除或做相应修改。

第二十条　可分性条款

如果本法案任何规定违反宪法而导致无效,其他未受影响的条款依然有效。

第二十一条　生　效

本法案自获准之日起生效。

菲律宾2015年全民教育：实施与挑战

一、概述

1. 菲律宾重视教育。教育在菲律宾国家政治、经济、社会和文化生活中占据重要地位。教育被视为国家发展的支柱、社会与经济提升的主要渠道。

2. 菲律宾重视教育的一个明显表现就是国家财政对于教育的投入比重。教育部是菲律宾最大的政府机构，根据《1987年菲律宾宪法》的要求，教育部是每年获得最高额度财政拨款的政府机构。

3. 《1987年菲律宾宪法》同样保障了菲律宾人民接受教育的权利。它规定："国家应保护、培育和促进公民享有接受负担得起的优质的各级教育的权利，并采取妥善的措施确保人人有机会接受教育。"

4. 《共和国第9155号法案》《2001年基础教育治理法》进一步强调了所有菲律宾人民有权接受优质基础教育。《共和国第6655号法案》《免费中等教育法》重申，国家应通过提供义务初等和中等教育保护和提升菲律宾公民受教育的权利。这涉及向6~11岁儿童提供6年义务初等教育，向12~15岁学生提供4年义务中等教育。

5. 伴随"全民教育"的推广，菲律宾有责任实现在2000年9月签署的《联合国千年宣言》中提出的8个有时限且具体的目标。总体上，该宣言的主要目标是到2015年减少一半的贫困人口。随着该宣言的实施，菲律宾同样明确了其为实现千年发展目标应承担的责任，以解决贫困、饥饿、疾病、文盲、环境恶化和歧视女性等问题。为解决这些问题，《2004—2010年菲律宾中期发展规划》（以下简称《规划》）制定了有关儿童、初等教育入学和性别平等的政策与规划，特别是《规划》的第四部分集中聚焦于"教育与青少年机会"问题。

6. 但是，尽管有法律机制、预算优先以及扩大机会等政策保障，菲律宾教育仍问题重重。亟须解决又未得到改善的问题包括高辍学率、高留级率、成绩低、缺乏特定语言技能、未能充分满足和关注特殊人群的需要、教室过度拥挤和教师绩效表现较低。这些问题又导致产生了大量的文盲、失学青少年和尚未具备工作能力的毕业生。

（一）菲律宾教育结构

7. 菲律宾的教育体系包括正规教育和非正规教育两部分。正规教育是三级连续推进的学术教育：初等（小学）、中等（中学）和高等（大学和研究所）。从结构上来说，菲律宾教育可分为基础教育（幼儿园、小学和中学）和高等教育（大学、研究所和职业技术学校）。

8. 基础教育包括面向3~5岁学生的可选择的幼儿园教育，然后是面向6~11岁学生的 6 年制小学教育和面向 12～15 岁学生的 4 年制中学教育。除了幼儿保育与发展和幼儿园教育,菲律宾正规基础教育体系年限是亚洲太平洋地区最短的国家之一,基础教育只有 10 年,而其他国家为 11～12 年。

9. 基础教育由教育部负责,而大学教育由高等教育委员会负责,技术职业和非学历教育则由技术教育与技能发展局负责,它是劳动与就业部的下属机构。地方高校虽然接受高等教育委员会的监管,但主要由地方政府根据地方政府法典所示运营。

10. 教育部替代学习体系局(先前的非正规教育局)负责管理面向失学青少年和成人的替代学习体系。伊斯兰教育机构在教育部的管辖之内,绝大多数伊斯兰学校独立运营且不需要采用标准化流程,且绝大多数伊斯兰教育机构是私立的,并依赖于地方社区或捐赠支持。

(二)《世界全民教育宣言》

11. 1990 年,在泰国召开的世界全民教育大会中通过了《世界全民教育宣言》,该宣言提出应采取各种措施满足全民的基本学习需求。为积极响应《世界全民教育宣言》,菲律宾策划并实施了该宣言 1991—2000 年十年行动规划。该规划阐述了菲律宾的国家目标、政策、战略,以及为实施第一个十年全民教育运动而开展的区级项目。1991—2000 年十年行动规划重点包括:

(1)儿童早期发展

①大力推动社区自主开展幼儿保育与发展工作;
②家长在教育中使用创新方法;
③推进预备教育;
④认证私立幼儿园项目和机构;
⑤针对特定的儿童群体采取不同的教育方法;
⑥加强健康、营养和其他相关服务;
⑦课程、材料和教学方法适应社会文化;
⑧由一个单独的机构协调有关幼儿保育与发展的项目。

(2)普及优质初等教育

①提高学生的在学率;
②使用新的优质教学模式替代传统的教学模式;
③加强家校合作;
④重视对学生高级思维能力的培养;
⑤提高教师能力。

(3)替代学习体系

①在选定区域内扫除文盲;
②促进继续教育的发展;
③实施综合项目。

12. 2000年,菲律宾在世界教育论坛中提出了2015年全民教育目标:

(1)全面扩大和改善幼儿尤其是弱势儿童的保育与发展;

(2)确保到2015年,所有儿童,尤其是女童、处境困难儿童和少数族裔儿童,均有机会接受义务优质初等教育;

(3)通过平等地接受教育和学习生活技能项目,确保满足所有青少年和成人的学习需求;

(4)到2015年,成人识字水平提高50%,所有成人尤其是女性,平等地接受基础和继续教育;

(5)到2015年,消除初等和中等教育内的性别差异,确保女童完全平等地接受并完成优质的基础教育;

(6)提高教育质量,全民达到公认的且可衡量的学习成果,尤其是掌握读、算和基本生活技能。

13. 根据世界教育论坛行动框架,菲律宾提出了《菲律宾2015年全民教育的国家行动规划》,主题为"有文化的菲律宾人,有文化的国家"。正如菲律宾中期发展规划在经济发展中所起的作用一样,当前的全民教育是基础教育的总体框架。《菲律宾2015年全民教育的国家行动规划》强调,向所有人提供基础教育,并为迄今为止几乎单纯以学校为基础的教育提供新的维度。规划指出,"满足那些从未上过学、辍学、需要基本或高级技能找工作的青少年和成人的教育需求"。规划提出一个"可行的替代学习体系",连同学校,可以确保"所有菲律宾人接受最基础的教育"。因此,《菲律宾2015年全民教育的国家行动规划》强调,教育是有效传递与广泛的社会目标相关且有用的价值取向、意识和信息的渠道。

14. 虽然政府在2006年正式批准《菲律宾2015年全民教育的国家行动规划》,但它早在2003年就已经被教育部用作整体规划与政策的框架,并融入2001—2004年以及2005—2010年菲律宾中期发展规划之中。不同于《世界全民教育宣言》提出的六大目标,菲律宾在考虑本国国情后将它们分成了四个目标,所有目标均指向一个整体目标,即到2015年使菲律宾公民掌握基本能力,成为有文化的人。四个目标如下:

(1)满足所有失学青少年和成人的教育需求;

(2)彻底消除1~3年级的辍学和留级状况;

(3)所有菲律宾公民均以合格的成绩全部完成基础教育;

(4)所有菲律宾社区有责任使菲律宾公民获得基础教育能力——通过全民实现全民教育。

15. 为达成上述目标,需实施九项紧迫且重要的任务。六项生产性任务期望可以产生预期的教育成效,三项学习性任务是推动生产性任务持续有效实施的必要保证。九项任务具体如下:

(1)生产性任务

①更好的学校:提高学校的办学质量;

②幼儿保育与发展：扩大覆盖面，以创造更多的全民福利；

③替代学习体系：将非正式和非正规的教育转化成替代性学习体系，以创造更多的全民福利；

④教师：促进优质教学实践；

⑤更长的周期：采用12年制的正规基础教育——小学和中学各增加1年，逐渐取消现行的10年制基础教育；

⑥在扫盲背景下，加速基础教育各阶段课程的衔接与发展，促进其内容的丰富。

(2)学习性任务

①资金：为实现全民教育目标，提供充足且稳定的公共资金。采用国家和地方政府资金相结合的基础教育资金框架，支持全国各地通过最具效益的举措提供优质教育；

②治理：创建以社区为基础的网络群体以推动地方实现全民教育目标。组织各地人员，架构在各地倡导和支持实现目前教育目标的多部门团体的全国性网络；

③监控实现全民教育目标各项举措的进展情况，素质教育指标的确定与实施情况尤为重要。

(三)实现全民教育目标的政策、计划与项目

治理与经费

16.《2001年基础教育治理法》(共和国第9155号法案)，在基础教育管理领域为学校和社区的分权提供了法律基础。20世纪90年代中期，教育部开始采用"校长赋权"的政策，将一些行政和教学督导职权授权给了学校校长。由于在一些学校中上述改革提高了学习成果，教育部又将部分制定决策的职权也授权给了校长。但是，这一政策在一些学校没有发展下去。因为当被赋权的校长被分配到其他地区时，整个学校的管理体系尚未得到充分发挥，因此，无论何种改善措施都难以继续下去。

17.为提高不同层级尤其是学校和部门办公室的能力，教育部实施了"第三次初等教育项目"和"中等教育发展与改善项目"。这两个项目的经费来源于世界银行、亚洲发展银行和日本国际合作银行的贷款。这两个项目覆盖政府社会改革议程认定的全国范围内最为贫困的省份，主要支持学校和部门办公室实施校本管理(例如，提供学校改进计划的制订和实施、资源调动和管理方面的培训)，并在部门中落实分权的基础教育管理体系。上述项目也支持用于建构部门办公室战略规划、监督与评价、财务管理能力的举措。

18."第三次初等教育项目"试点直接向学校尤其是已选定的小学提供校本资源。目前，只有几所公立中学直接从政府获取维护和其他运营开支的经费。教育部现行的政策是由学校部门负责人决定小学以现金或实物形式接受资助。绝大多数情况下，学校接受的实物资助很可能并非他们实际需要的物品。另一方面，大多数公立中学通过学校账户直接接受政府拨款。

19.20世纪90年代中期，"第三次初等教育项目"开始实施的时候并不包括地方办

事处的相关事宜，因为在当时还没有明确的政策表明地方办事处的具体作用，直到分权政策实施才关注到这个问题，甚至有建议提出解散地方办事处。但是，《2001年基础教育治理法》明确提出，地方办事处的主要职能是保证学校的办学质量。地方办事处被授权监督和评价其辖区内所有学校的绩效表现，并向在关键性结果指标上落后的部门和选定的学校提供技术支持。连同"棉兰老岛基础教育援助项目"和"中等教育发展与改善项目"致力于发展和强化地方办事处作为整个教育部体系"监察员"的职能。

20. "棉兰老岛基础教育援助项目""第三次初等教育项目"和"中等教育发展与改善项目"的开展与实施，为全国多所学校推行校本管理以及加强选定部门的基础教育管理体系铺平了道路。但分权政策尚未得到充分实行。系统化方法被提倡使用，整个教育部包括地方和中央办事处均支持改革。目前，整个教育部体系支持完全分权化的力量还比较弱，它仍缺乏大规模并最终覆盖全国所有公立学校的校本管理所需的人力、物力和财力。

21. 值得一提的是，在实施各种基础教育计划、项目、举措的过程中，其他基础教育相关利益者对全民教育的经费问题做出重大贡献。地方政府部门的专项教育基金和通过"学校认养计划"所获私营部门的资源均对学校改善办学质量发挥了重大作用。但是，在合理使用资源上仍有许多有待改进之处，尤其是大部分专项教育基金被用于资助非学术活动。

幼儿教育

22. 公立、私立学校幼儿入学率近年来的增长，主要是由于2000年5月签署的《幼儿保育与发展法》（共和国第8980号法案）的实施，该法案在菲律宾国家教育历史上具有里程碑式的意义，它为整个幼儿教育与发展体系的制度化提供了政策支持。它也成为全国面向0~6岁儿童的全部项目的蓝图。该法案采用整体分析方法，通过健康的心理疏导和早期教育项目与计划的结合，致力于培养儿童健康的身心，并给予他们适当的早期教育、爱和保护，以避免其在家庭、日托中心受到伤害。法律也授权建立国家和地方的协调机制，确保多部门的持续合作。相对于先前幼儿保育与发展零散分散的状况，这是一个重大的转变。

23. 幼儿保育与发展项目的实施成本，由省或市政府和儿童福利理事会共同承担。儿童福利理事会作为国家的协调理事会，负责与地方政府及其各自的幼儿保育与发展协调委员会合作。

24. 由幼儿保育与发展项目资助的服务和活动包括：

（1）服务

①升级或扩大日托中心和健康中心；

②为日托中心提供设备、物资和学习材料；

③完善孕妇的免疫检测服务；

④为母亲和儿童补充微量元素；

⑤提供基本的药物；

⑥开展补充喂养项目及驱虫服务；

⑦提供营养教育和家长教育；

⑧进行成长监督与推动；

⑨为参与日间护理与补充喂养项目的家长提供生活援助。

(2)能力建设活动

①日托工作人员学习"修订的日托手册""幼儿保育与发展清单"以及"面向5岁儿童的学前课程"等内容；

②1年级教师学习为期8周的"幼儿教育"课程并学会使用"入学准备评估工具"；

③社会工作人员学习修订的"日托手册""家长有效服务""学前课程"和"营养教育"等课程内容；

④医疗服务者学习"儿童疾病综合管理""营养教育""国际参考标准"等课程内容。

(3)幼儿保育与发展数据银行为14个区、17个省和7个自治市提供硬件、软件及培训。

(4)监测与评价

①每年审查一次项目实施状况；

②每季度现场监测；

③每月和每季度评价财政和设施完成情况。

25.自2000年起,幼儿保育与发展项目取得的成果包括：

(1)地方政府的参与和支持,以及地方政府根据成本分担方案应承担的责任,均非常明晰；

(2)在地方面向儿童的发展和投资规划中,幼儿保育与发展占据主要地位；

(3)通过幼儿保育与发展协调委员会强化不同机构间的合作。在大多数情况下,均有地方非政府组织和私营部门的参与；

(4)制定和采用国家政策和地方条例用于支持幼儿保育与发展项目的实施；

(5)幼儿保育与发展计划、项目和活动的结合获得长足发展；

(6)幼儿保育与发展(健康、营养、教育、社会福利等)服务者积极参与项目；

(7)先导试验以家庭、社区为基础的幼儿教育,重点扩大3~4岁儿童受教育的覆盖面。

26.由于国家幼儿保育与发展举措的实施,菲律宾已成为联合国儿童基金会和哥伦比亚大学所选的六个国家之一,与其他五国共同参与名为"早期学习标准与发展走向"的全球项目,该项目是为了弥补目前对于儿童早期发展评价与监测的不足。主要目标是推动六个国家施行学习与发展标准,以改善幼儿生活。

27.为达成有关幼儿教育的既定目标,与其他政府机构、地方政府部门、非政府组织和私营部门间的合作与联网是必要的策略。这包括：

(1)与菲律宾儿科学会建立伙伴关系,共同开展名为"儿童健康是我们的未来"的项目,致力于：

①先导试验以家庭、社区为中心的发展来解决0~19岁儿童和青少年的发展与健康需求问题;

②开发一套对残疾儿童进行早期诊断、转诊和治疗的系统。

(2)儿童少年基金公司开发了面向最为贫困且最有需要的村的"盒中校"项目。包括一整套日间护理人员所必需的教学材料和3~5岁儿童所必需的学习材料。

28. 在研究方面,五年幼儿发展项目中的17项由亚洲发展银行和世界银行资助。这些研究形成的建议目前被教育部、卫生部、社会福利和发展部所采用。在《幼儿保育与发展法》首批实施的地区开展调查。研究范围包括确定儿童的地位(他们的健康与发展),以及家长、地方政府与服务提供者(日间护理人员、村卫生工作人员和1年级教师)的知识水平、态度和实践对幼儿保育与发展的影响。

29. 自2006年12月起,《幼儿保育与发展法》已经覆盖了77个省和29个市。总体上,根据成本分担方案,地方政府积极致力于该法案的实施。

30. 五年制学前教育是教育部对幼儿教育的重要举措。它贯穿了三大战略:

(1)加强学前教育的正规化。开发可以最大限度发挥学生学习潜能的课程,该课程主要关注学生在以下五个领域的发展:

①生理发展——研发诸如以发展整体协调为主的游戏等;

②个人与社会发展——指导儿童更为独立,并形成更好的社会行为,例如遵从规则和养成良好的卫生习惯;

③情感发展——帮助儿童发展对他人和自我的爱;

④认知发展——关注发展沟通能力、感知能力和算术能力;

⑤审美发展——培养发展创造性。

根据第349号行政命令,社会福利和发展部、教育部以及儿童福利委员会共同开展上述课程,以推广实施国家学前教育计划。

菲律宾已经在11个区、30个省开办了覆盖87个四至六线的市和自治市的学前班。根据《幼儿保育与发展法》,家长—教师—社区协会建立的幼儿园绝大多数设于公立小学内。目前,由地方政府部门支持的幼儿园主要设立在马尼拉市。教育部在21个经济较为落后但被社会改革议程划定为先导地区的省建立了学前班。教育部首先为学前教育教师创设了岗位,截至2015年,拥有正规编制的教师为714人,负责1 428个班级。

(2)实施和扩大学前教育承包方案。这一策略采用替代性教学体系,致力于向五六线自治市、城市贫民区和安置区内准1年级的儿童提供学前教育,这些地区既没有家长—教师—社区协会创办的幼儿园,也没有托儿所。儿童要进入由教育部注册的私立幼儿园和教会创办的早期学习中心接受学前教育。其他有资格提供服务的机构包括传授教育课程的高等院校以及担负教学任务的非政府组织。每个月每个儿童要向服务提供者缴纳300比索,用于支付教师的薪资、教学材料和管理的费用。

(3)在1年级实施为期8周的幼儿教育。了解到40%左右的1年级新生没有接受幼儿教育，教育部在1年级实施了为期8周的幼儿教育。这一措施在2004年经由第10号法令得以制度化。这一政策要求所有1年级学生必须有幼儿教育经历，包括在使用教育部幼儿教育课程的面向5岁儿童的托儿所就读的经历。该课程以基础教育课程为基准，是1年级课程的有机组成部分。1年级的前8周课程，主要用于帮助儿童为严格的正规教育做好生理和心理准备。在不同学习领域形成的技能，将成为首次考试的评分基础。有关这方面，教育部也赞同高等教育委员会第10号法令中的规定，将幼儿教育纳入职前教育之中，作为帮助准1年级教师将幼儿教育整合到课程中的关键步骤。

正规基础教育

31. 为了扩大优质且高效的正规初等教育的规模，国家引入并实施了课程、考试与评价、教师发展、学校改进和替代教学模式方面的改革与创新。

(1) 通过课程改革追求教学质量。课程是教育体系的核心。1999年，政策指示进行课程改革。这推动了面向小学的基础教育课程以及面向中学的重组的基础教育课程的形成。这两个阶段的基础教学课程重点关注有利于促进终生学习技能的方面。课程的实施内容包括培训教师和管理人员、开发教材和培训材料，以及密切监测与评估项目实施情况。

课程本土化的政策推动了关注本土文化的本土课程材料的开发。在2005—2006学年，面向初等公立学校和私立学校的标准化课程开始实施。该课程认同国家有责任向所有菲律宾儿童提供接受优质教育的机会。

重组课程的重要部分是促进所有学习区域使用信息通信技术。教育部通过计算机化计划，向全国范围内易于接受的公立高中提供计算机及相关设备。贸易与工业部、地方政府以及英特尔等私营公司，通过捐助计算机来推动公立中小学的计算机教育。

(2) 通过测验与评估实施质量保障策略。2002—2003学年，新生评估方案被引入。它包括在学年开始对6年级和高中4年级的学生实施诊断性测验以确定学习差距。测验结果用作本学年采取补救措施的基础。在学年末还将对同一组学生进行成绩测验以确定学习进步情况。

为了适应可以准确反映学生表现的综合性评估与评价体系的需要，2003年绩效评分系统取代了将学生原始分数转化为等级的转化表。新的评分系统旨在真实反映学生的表现，将合格分数线由70分提高到了75分，并重新设计了考试内容。考试试题难度在容易、中等和困难的比例分别为60%、30%和10%。新的评分系统可以帮助教师关注授课内容，并确保学生达到预期的学习效果。

阅读技能是教育体系关注的重点。通过菲律宾非正式阅读清单，可以评价小学生的阅读水平。评价结果可检测出标准阅读水平以下的学生并制订相应的补救计划，即"每个儿童一个阅读计划"。计划的成效使用菲律宾非正式阅读评测表来评价。菲律宾非正式阅读评测表是通过综合比较几个国际阅读评测表以及近年来国内阅读成绩测验的结果后改编而来的。

在中学阶段,1年级新生需要接受中学预备测验,评估他们是否已经掌握了小学课程要求的基本能力。考试结果不容乐观:超过90%的小学毕业生难以通过考试。未通过考试的学生需要接受"中学桥"计划。这是一个为期1年的有关语言、数学和科学学科的补救计划。对该计划的评价显示,参与该计划的学生成绩提高显著。

(3)通过全校改革提高教育质量。《菲律宾中期发展规划》指出,"提高教育质量的根源来自学校,学校自身和其所在社区也会在提高教育中受益"。由此,教育部在实施政策时坚信,在社区和地方政府的支持下,教育服务在学校可以得到最好的实施。1999年,教育部通过第230号命令开始实施校本管理,以支持实现国家的教育目标:

①接受基础教育是一项人人可以享有的权利;
②提高基础教育的入学率、教学质量和公平性;
③提高学习效果;
④社区和地方政府参与。

另一项改革是面向公立小学的认证计划。该计划于2003年开始实施。作为一个自愿的评价体系,它旨在向所有公立小学提供商定的标准并促使小学通过客观的自我评价来提高系统效率。公立中学的认证系统与小学类似,称为"纯银项目"。

(4)通过教师发展计划提高教育质量。教师被视为基础教育最为重要的投入,也是学生成绩最主要的决定因素。以下是教育部与其他基础教育相关利益者合作采取的有关教师发展的举措:

①"教师教育与发展计划",包括长期的政策改革与即时的计划改革两方面。资金主要来自政府拨款和政府发展援助资金。该计划自1999年制订以来多次修订。该计划力图倡导高等教育委员会和教师教育机构与教育部的公立学校建立更为正式的合作关系,以此改善职前和在职教师教育。

②"国家英语精通计划"是提高中小学教师和管理人员英语水平的培训计划。该计划是"每个儿童一个阅读计划"的补充。它主要是为了配合第210号行政命令,即有关所有公立、私立学校均使用英语作为主要教学语言的命令,于2003年开始实施。

③加强支持系统以服务于校本嵌入制度化的计划。日本国际合作银行资助管理人员、教师和非教学人员的持续发展。它也支持培训学校校长、学区和部门督导人员履行各自的职能,用于监测校本在职培训以及对教师进行教学督导。

④逐年增加教师职位数量。仅2006年,就增设了10 000个职位。在教师雇佣、配置和晋升方面,颁布了以能力为基础的雇佣政策,地方政府也贯彻实施这一政策。根据"公立学校教师招募、评价、遴选、任命新指南",上述政策致力于实施统一的聘任标准。

⑤提高行业策略的质量及公平性。学校资源,包括课桌椅、计算机、教科书、师资、学校运营开支及其他的教学设备和材料,这些是促使教学更为有效的关键。它们有助于提高入学率和教育效率,因为如果学校为学生提供了充足的空间和资源,学生的上学积极性就会增强。

(5)在国家预算方面,教育一直获得最高额度的拨款,因为政府负责提供免费且义务的初等教育和中等教育。但是,大部分预算被用于个人服务方面(教师和非教学工作人员的薪资和津贴),因此,用于发展活动、维护和运营开支的预算很少。

为了增加预算,教育部积极探索其他的资金来源,例如地方政府的专项教育基金——抽取房地产税收的1%,通过说服国会成员将教育援助视为使用优先发展援助资金的一种方式以获得国会支持、私人支持,获得诸如世界银行、亚洲发展银行、日本国际合作银行、澳大利亚国际开发署、日本国际协力机构和联合国儿童基金会等援助机构的支持。在全民教育实施中期,"第三次初等教育项目"和"中等教育发展与改善项目"在26个被认为最为贫困的省份开始实施。

另一个扩大学校维护资源的方法是2003年5月开始实施的"国家学校维护周",也被称为"学校大队"。该计划基于"志愿"精神,社区内的人员,包括地方政府部门、地方工商业和感兴趣的公民帮助维护、美化和修缮学校。捐助的形式有现金、义工和提供建筑材料等。

其他国家机构也对教育施以援助。例如,劳动与就业部采用"学校认养计划"的框架和"菲律宾中国商会联合会"的模式,争取海外菲律宾团体对基础教育的支持。"学校认养计划",由《共和国第8525号法案》正式通过,教育部以此来动员私营和非政府部门提供支持。基于一揽子援助计划,感兴趣的公司可以赞助某些学校计划或项目。通过由贸易与工业部发起的计划,城市、城镇或省可以通过签订合同向国家发展公司贷款,用于建设学校建筑。

采购学校资源每年平均约花费280亿比索。采购过程的透明度已有所提高,尤其是国家提供的学校资源(例如教材、教室和课桌)。此外,"教材交换计划"促使教育部与全国范围内的其他政府组织、非政府组织和私营部门密切合作,对交付的货物尤其是学校和学区办公室的教材执行质量控制检查。教育部要求提供给每个年级的全部教材应采用同一标题,以便学生统一学习。

(6)扩大入学范围的政策、计划与项目。为确保所有社区均可接受优质基础教育服务并确认影响家庭选择学校的因素,2001年实施了"面向缺乏学校的村子"这一计划,用于在没有学校的1 617个村建立公立中小学校。除了教育部的常规学校建筑计划外,公共工程与公路部和其他的政府机构、地方政府部门继续在教室短缺的地区建设足够数量的教室。

国家也从地方和国际发展机构的补助和贷款计划中受益。例如,可口可乐基金会菲律宾公司的"小红房计划",在五年时间内为选定的多级学校建设了50个三间房的小学建筑。日本拨款的"教育设施改善计划",在选定区域内将建立441所小学。"第三次初等教育项目",由世界银行和日本国际合作银行提供的为期10年的贷款资助,已经建立了4 649所新学校,修理和翻修了12 991所校舍。菲律宾中国商会联合会已经建立了452所新学校,"海外菲律宾公民的教室"项目已经建立了285所学校,这两个项目均建立中学学校。

(7)增加入学学生数量并加强学校掌控力的替代教学模式。为了加强学校的掌控力，"有效替代中等教育"项目开始实施，它主要面向那些由于个人和经济原因难以正常上学的学生。该计划主要是作为现有正规教育体系的补充，以使处境困难的学生更易于接受中等教育。参与"有效替代中等教育"项目的学生可以与学校签订合同，在家学习一段时间直到该生准备好重返正规教育体系。学校使用教学模块，以帮助学生在课堂之外更好地学习。

对于那些由于缺少时间、距离过远、身体缺陷、经济困难或居住在冲突地区而难以开始或完成中等教育的学生，开发并实施了"开放中学计划"。作为补充，又实施了"家庭学习计划"。只有当课程计划、教学材料、传送体系适应那些由于某些原因难以正常进入学校的学生的需要，才有可能实现将学习成为一种自主活动。在小学阶段，IM-PACT项目将自学材料与校内、校外模式结合起来，在一些地区仍将继续实行，作为惠及难以到校或就读学校资源有限的学生的一种方式。

替代学习体系

32.《2001—2004年菲律宾中期发展规划》指导替代学习体系的实施，确保了正规和非正规基础教育的学习者可以弹性学习以及确保他们向上的社会流动。更为重要的是，该体系也展示了基于非学校的学习渠道的社会与经济可行性。

33.2004年，根据第356号行政命令，教育部的非正规教育局更名为替代学习体系局，这是为了通过更为系统且弹性的方法来满足正规学校体系之外各类学习者的需求。同样，其职权亦发生变化，强化了该部门确保满足所有被边缘化的学习者的所有学习需求以使他们成为有效公民这一职责。在提供基础教育方面，替代学习体系与正规教育体系是平等的伙伴关系。一些项目已经开始实施，包括原住民教育计划、校外成人重返学校计划、家庭基本扫盲计划和移动扫盲计划。根据以下信息来确定项目实施优先区域：

(1)根据辍学率、入读率和留级率，反映学校风险数据；

(2)由总统办公室确认的500所农村学校；

(3)由内政与地方政府部调查的五、六级城镇。

34.对于替代学习体系来说，教育部认为的初始收益在于，建立由替代学习体系局主导的替代学习体系服务提供者认证制度，以及非正规教育认证与等价体系，这个计划促使获得小学教育的人员通过参加考试可以重新回归到正规学校之中或者通过替代学习体系继续学习。对于获得中等教育的人员来说，如果他们通过入学考试，可以继续接受高等教育或者进入职业技术学校学习。

35.同正规基础教育体系一样，替代学习体系的课程也有五个学习区域：

(1)沟通能力(包括在纸质和电子媒体上听、说、读、写的能力)；

(2)解决问题和批判思维能力(计算能力和科学思维)；

(3)可持续利用资源和生产力(包括作为受雇和自谋职业人员谋生的能力)；

(4)自我发展和团体意识(个人、国家认同感，文化自豪感和文化认同，对公民权利和政治权利的理解和认识)；

(5)扩大世界视野(了解、尊重和欣赏多样性,和平解决冲突,全球意识和团结)。

36.通过对替代学习体系学习者的评估,确定其教育水平以及学习干预的措施。经过评估,学习者被分为基础水平、继续教育(小学和中学)水平或终身学习水平(中等后教育)。同其他相关利益者一起,他们可以积极参与确定课程协议,包括组建的学习小组的具体目标、课程和时间表(学习时间、频率和学期长度)。

37.完成基本扫盲计划后,将向毕业生颁发由教育部秘书签发的证书,其与正规教育体系的文凭对等。如果学习者希望其非正规学习获得认证,可以参加认证与同等学力测验,这是由非正规教育局在亚洲发展银行的援助下开发的项目。该测验每年举办一次,类似于正规教育体系内的成绩测验。这一测验为15岁及以上的菲律宾人和居住在菲律宾的外国人提供了一种学习认证的替代性手段,但参与的人员应是基本上识字但又难以接受正规学校教育或从正规中小学辍学的人员。通过测验的学习者,将可以进入正规基础教育体系,如果通过入学考试,还可进入高等教育或职业技术学校。

38.替代学习计划由非正规教育的流动教师、扫盲服务提供者、教学管理人员实施。他们是更为合格的师资,因为他们在成人教育方面经过充分的培训并掌握了通过替代学习方案有效促进学习和管理学习者发展的特殊方法。国家也需要定期对他们进行评估与升级,以确保教学质量。

39.替代学习的材料可以采用出版或不出版的各种形式(例如海报、小册子、挂图、漫画、宣传单、游戏、视频、音频等)。应根据替代学习课程选择、开发和使用教学材料,这些课程已经按照用户需要进行定制。这些教学材料为双语或三语,由训练有素的作家采用主动参与方法开发。这些材料具有自主的、自学的、本土的和集成的教学模块。

40.替代学习计划在社区学习中心实施,它可以采用各种方式,例如面对面、小组、家庭、自学等。使用无线电方法检测ICT组件,在选定省份播放教学模块。该计划既可以由教师(通过流动教师)来实施,也可以通过签订合同由私营服务供应商来提供。

41.鉴于替代学习体系预算有限(不到总预算的1%),教育部独自解决上述问题是不可能的。一个关键的策略是采用其他的融资计划,例如地方政府与私营部门合作,共同支付教师、教学材料、学校建筑与设施的费用。政府也可邀请非政府组织参与实施正规学校体系之外的、以社区为基础的扫盲计划。

终身学习

42.终身学习包括正规和非正规教育。连同联合国教科文组织提倡的"生活技能"概念,菲律宾功能性读写能力的概念现在近似"现实生活能力"这一概念。

43.作为学习成果,读写能力是一套技能,一个人可以在特定社区和文化背景下使用,它不仅使个人受益,也使全社会受益。这些技能促使他们可以利用经济机遇满足其基本需要并在发展活动中做出贡献。根据伍德霍尔所说,获得读写能力所形成的基本学习能力对于创新发展过程至关重要。读写能力是一种赋权工具,它是激发人们作为个人和社区成员的潜能、促进社会成员间的尊重、保护自身和自然环境的关键。菲律宾政府十分重视基础教育主要基于这一前提,即除了增加基础教育入学机会之外,更要提高菲律宾人民的功能性读写能力和生产能力。

44. 在菲律宾,通过"指向功能性的素质教育"这一新概念,终身学习与全民教育目标直接相连。特别是《菲律宾 2015 年全民教育规划》中提议的活动,未来基础教育质量的评估,主要是以"功能性"这个概念为基础。

45. 功能性读写能力这一新定义,与德洛尔委员会提出的教育的四大支柱中蕴涵的生活技能和终身学习观念相似。教育的四大支柱是:学会认知,学会做事,学会与人相处,学会生存。新定义可以解读为以下五个指标:

(1)沟通能力;

(2)解决问题和批判思维能力;

(3)可持续利用资源和生产力;

(4)自我发展和团体意识;

(5)扩大世界视野。

这五个指标基于教育的四大支柱,在 21 世纪所有国家和教育体系均应被吸纳。这些也是上述定义的哲学基础。

46. 根据功能性读写能力,菲律宾期望发展一系列强大的定性与定量的社会指标,它们可以用于综合开发尤其是社会和人类发展的规划。这类评估不仅可以体现全民基础学习的社会效果,而且是描述国家人口特征的一个关键指标,也是揭示众多重要社会发展问题的一种有效手段。

47. 根据全民教育的基础学习需要,评估必须确保难以上学的学生也获得学习机会,使之成为重要的社会教育测量工具。这些评估,不但应呈现菲律宾人民生存与发展的能力或潜能,还要能够反映现实状况。据此,社会一方面通过考察正规教育体系的有效性来提高基础学习需要的实施状况,另一方面考察非正规教育和其他非学校教育渠道的有效性与范围。

二、实施框架

(一)菲律宾中期发展规划

48. 《2004—2010 年菲律宾中期发展规划》是国家成长与发展以及打破贫困恶性循环的蓝图。它共分五部分,其中第四部分关注教育与青少年问题,旨在提高基础教育体系的效率,改善教学进程与技能以提高竞争力。其目标主要有:

(1)在所有的村建立小学;

(2)扩大中等教育入学范围,尤其是针对入学困难人口;

(3)提高学校的掌控力和教育质量。

49. 实现《2004—2010 年菲律宾中期发展规划》有关基础教育目标的策略如下:

(1)基础教育的支持体系。为推动校本管理的实施,国家和次国家层面的职能将重新调整,地方政府、民间团体、社区和私营部门在基础教育实施与管理中的作用将加大。

（2）教师的发展与福利。通过统一的职前培训与在职教育培训项目，提高教师的能力，这些项目更多是校本和需求驱动的。并将为教师制定双轨的职业路径。

（3）初等教育的内部效率。通过与家庭和社区的合作，以家庭为中心的干预以及诸如补偿教学、以家庭为基础的学习、学校供餐和保健等特别项目将进一步加强。《幼儿保育与发展法》的实施将推动跨机构的合作，包括私营部门与地方政府在社区层面提供服务上的合作。

（4）学校的外部效率。学校指导计划将进一步加强，以确保中学毕业生做好就业或升学的准备。

（5）渐进式课程改革。教学过程将更多地以学习者为中心；鼓励学习材料的本土化；教学方法将与科学和数学课程相契合，以提高课程质量。重组课程的关键是在所有学习区域使用信息通信技术。

（6）评估与测验体系。对于学生表现，评估体系将是统一的，采用较为全面的方式来测评学生的表现。目前，面向6年级学生，在学年开始时实施了诊断性测验，用于评估学习差距。"国际小学评估测试"主要面向公立、私立学校的6年级学生，用于评估学习效果。在中等教育阶段，1年级新生需要接受"中学准备测验"，评估他们是否已经掌握了小学课程的基本能力。

（7）学校体系内的储备。诸如设施、教学材料和经历过充分培训的教师等基础性投入将得到改善。

（8）替代学习体系。非正规教育项目所取得的成果将予以扩大和制度化。扩大学习的范围，提升评估方法、认证和等价体系。

（二）千年发展目标

50. 菲律宾连同联合国其他成员国，在2000年9月共同签署了《联合国千年宣言》。该宣言提出了8个有时限且具体的目标，总体目标是将全球贫困水平在2015年之前降低一半。

51. 随着宣言的实施，菲律宾作为成员国同样明确了其为实现千年发展目标应承担的责任，以减少贫困、饥饿、疾病、文盲、环境恶化和歧视女性等问题。它包括8个大目标、18个具体目标、48个指标，根据至2015年的时间表定期进行国际和国内监测。目标是有时限且可测量的。这些目标是《2004—2010年菲律宾中期发展规划》的主旨，包括有关儿童在初等教育阶段入学和性别平等的政策与规划。

（三）全民教育

52. 根据达喀尔行动框架和《菲律宾2000年全民教育规划》，菲律宾提出了《菲律宾2015年全民教育的国家行动规划》。正如菲律宾中期发展规划对经济的作用一样，当前的全民教育是基础教育的总体框架。它基于先前的研究、类似的担保以及与相关利益者的一系列磋商。组建技术工作组，每个小组负责一个主要区域（例如幼儿保育与发展、正规教育、替代学习体系、治理、财政），来帮助起草《菲律宾2015年全民教育的国家行动规划》。

53.《菲律宾 2015 年全民教育的国家行动规划》强调满足全民的基础教育需要,并为迄今为止几乎单纯以学校为基础的教育提供了一个新的维度。它指出"满足那些从未上过学、辍学、文盲、非常迫切需要基本或高级技能找工作的青少年和成人的教育需求"。《菲律宾 2015 年全民教育的国家行动规划》提出一个"可行的替代学习体系",连同学校,可以确保"所有菲律宾人有机会接受最基础的教育"。《菲律宾 2015 年全民教育的国家行动规划》强调,教育机会是有效地传递与广泛的社会目标相关且有用的价值取向、意识和信息的学习渠道。

54. 教育部门自 2002 年起开始计划起草《菲律宾 2015 年全民教育的国家行动规划》,历时三年完成。一位教育部副部长担任全民教育国家协调员,主要负责管理协调起草规划的多部门的技术工作小组。规划完成和实施延期,并不妨碍国家实施有助于实现全民教育目标的计划、项目和举措。通过长期而范围广泛的规划过程,不同基础教育相关利益者之间的合作得到扩大和加强。

55. 从 2000 年到 2005 年,在正式采用《菲律宾 2015 年全民教育的国家行动规划》之前,国家经济与发展管理局下属的社会发展委员会被视作各部门探讨有关全民教育政策与计划的机构。社会发展委员会由各个社会部门的政府机构组成。上述结构的局限是缺少地方政府、非政府组织和民间团体的代表。社会发展委员会下属区域发展理事会(RDC-SDC)是地区教育机构,而省、市、镇一级的地方学校委员会是全民教育机构。地方学校委员会也是地方政府部门有关教育事务的咨询委员会,负责地方拨款的使用、每年地方对基础教育的补充预算等事务。

56. 自 2006 年以来,随着《菲律宾 2015 年全民教育的国家行动规划》的完成,国家开始实施新的全民教育结构,以便更好地协调与实施新的教育规划。本届国家全民教育委员会主席由教育部部长担任,由民间团体成员代表担任联合主席。国家全民教育委员会的职能如下:

(1)国家协调;

(2)政策制定;

(3)社会动员与宣传;

(4)资源调动;

(5)准备和更新每年的国家目标;

(6)监测与评估;

(7)监督地方联盟的创建与运作。国家全民教育委员会由国家全民教育秘书处支持。

57. 国家全民教育委员会其他成员包括高等教育委员会、技术教育与技能发展局、卫生部、社会福利与发展部、国家经济与发展局、国会(众议院与参议院)的基础教育委员会、儿童福利委员会、农业部、财政与管理部、内政与地方政府部、劳动与就业部、科学与技术部、全国反贫困委员会、全国青少年委员会、伊斯兰事务办公室、菲律宾信息局、东南亚东盟教育部部长创新技术中心、菲律宾地方当局联盟、菲律宾的联合国委员会。

合作机构共同执行协议备忘录,以便明确各自在实现全民教育目标中应发挥的作用与应承担的职责。

58.实施《菲律宾2015年全民教育规划》的一项紧迫且重要的工作,是持续监测和评估国家在实现全民教育目标的跟进情况以及各相关利益者实施全民教育的努力情况。监测与评估的结果将用于重新制定政策与规划,重新设计计划和项目。正如《基础教育部门改革方案实施计划(BESRA)》(2006年版)所指出的,一个优先发展的区域应该建立质量保证与绩效责任框架。为实现目标,教育部采取了以下措施:

(1)制定部门监测与评估框架。这将用于跟踪实现全民教育目标进展情况以及监测相关利益者(教育部、其他政府机构、地方政府部门、非政府组织和私营部门)对于实施全面教育的贡献。

(2)修订教育部组织绩效指标框架,用于获取在BESRA计划中未反映的部门最近的发展与新兴的重点。该框架也供政府机构使用,以便确定重点开支、成果评估、确定目标及报告结果。

(3)组织和初始培训全国17个区、187个部门的全民教育监测与评估小组。小组的主要职能是在各自层级上实施系统的监测与评估,以辅助规划、重新制定政策、设计与实施项目、持续评价实现《菲律宾2015年全民教育的国家行动规划》目标的进展情况与差距。教育部提供有关监测与评估基本原则与工具的初始培训。该培训的主要成果是《2000—2005年地区全民教育评估报告》草案,它是《菲律宾全民教育十年中期评估》的重要内容。除了《全球全民教育中期评估指南》,国家将部门监测与评估框架作为其指南。

59.《菲律宾全民教育十年中期评估》是对本国以及全球全民教育运动监测与评估的响应。全球报告提供的图表显示了如何依照以下四个标准对各国进行监测与评估:初等教育普及情况、成人读写能力、教育质量和性别平等。联合国教科文组织报告称:所有标准的推广已取得稳步进展,但其发展速度还不足以到2015年实现全民教育的目标,尤其是许多非洲国家。

60.因此,《菲律宾全民教育十年中期评估》主要用于监测目前国家全民教育的进展情况。评估是教育部常规活动的一部分,并由国家全民教育秘书处负责协调,它是教育部的有机组成部分。审查进程的第一步是从培养教育部各地区和分部的检测和评价小组的能力开始。过程采取"做中学"的方法来建构小组的监测与评估能力。随后,教育部整合地区报告,并完成"综合的全民教育评估报告",涵盖全民教育的服务、计划、项目与成效。

61.评估过程还涉及国家全民教育委员会的其他成员,以明确其他基础教育相关利益者在实施全民教育中所做的贡献。儿童福利委员会是幼儿保育与发展委员会的秘书处,它主要负责分析幼儿教育部门的表现,尤其是面向3~4岁儿童的服务的状况。另一方面,"教育网络"有助于分析替代学习体系,并对西内格罗斯省锡帕莱市甘蔗园工作的儿童进行个案研究。教育部寻找伙伴捐赠者,加速准备和完成报告。联合国儿童基金会为区、国家、次国家层面的磋商和验证研讨会提供经济援助。然后,评估报告的最终草案提交国家全民教育委员会进行审批和认可,并呈送国家经济与发展局下属的社会发展委员会以获得内阁级的批准。

三、全民教育总体目标与进展情况

(一)全民教育总体目标

62. 菲律宾 2005 年全民教育的重要目标大部分没有实现,因此,改善是极少的,一些指标甚至出现了负增长的情况。例如,2000 年小学的净入学率已经高达 96.77%,但第二年降至 90.10%,到 2005 年跌至 84.44%,这与 92.19% 的目标相差甚远。尽管努力推广幼儿教育计划,但辍学率不断上升,因此目前更多的学生难以完成 10 年基础教育。《菲律宾有关千年发展目标的中期进展报告》显示,从净入学率、在学率和毕业率来测量,菲律宾人人接受初等教育的目标远未实现。

63. 这表明国家应加大力度确保"收复失地",这样到 2015 年全民教育的目标方能实现。曾有评论指出,从时间框架来看实现目标是不现实的,并且贫困才是阻止教育发展最为根本的问题,而这是难以轻易解决的。贫困促使儿童寻找有经济收入的活动而经常缺席课程,这使得他们功课落后,在学校经常被边缘化,甚至辍学。资源的匮乏也应推动广泛地使用非传统的方法,尤其是正规基础教育和非正规教育的替代学习模式。

64. 值得肯定的是,2006—2008 年的数据显示,一些指标在 2005 年展现的不足之处已有所改善。例如,中小学的毕业率和幼儿教育的毛入学率有所提高。

全民教育总体目标:到 2015 年全民达到更高水平的功能性读写能力

65.《菲律宾 2015 年全民教育的国家行动规划》致力于向所有人提供基本教育服务,以便到 2015 年全民可以达到更高水平的功能性读写能力。为了测评国家基础教育的整体表现,政府通过国家统计办公室定期进行功能性读写能力调查和教育与大众传媒调查。教育与大众传媒调查是一项国家性调查,搜集有关基础性和功能性读写能力、教育技能与资格,以及人们接触大众传媒的情况等信息。该调查主要作为教育部已有的学校数据的补充,用作实施教育政策与计划的基础。应该注意的是,2003 年教育与大众传媒调查的结果,尤其是功能性读写能力水平,与《菲律宾 2015 年全民教育的国家行动规划》制定的 2005 年的目标并不一致,这是由于它仍采用传统的功能性读写能力的定义。

66. 2002 年,具有功能性读写能力的菲律宾人比例仅比 1994 年的 83.8% 提高了 0.3 个百分点。但从 2003 年到 2005 年,功能性读写能力取得了重大进步,比 2003 年的 84.1% 提高了 7.16 个百分点。据估算,在菲律宾 10~64 岁的 5 760 万人中,约 380 万人不知道如何读写,约 920 万人是功能性文盲或缺乏计算能力。女性功能性读写能力的水平高于男性。

67. 不同年龄组的功能性读写能力,20~24 岁的比例最高,约为 91%,其次是 15~

19岁和25～29岁两个年龄组,分别为88.8%和88.4%。10～14岁、50～59岁、60～64岁三个年龄组的功能性读写能力比例均不到80%。15～29岁比例较高的原因可能是他们接触大众传媒包括互联网的比例最高,因此他们最具有功能性读写能力。此外,受教育程度高,也是他们具备较高功能性读写能力的原因之一。

68. 2003年,约有5 800万人口具备基本的读写能力,约占总人口数的93%。这一数据比1994年的94%略低。女性(94.3%)基本读写能力的比例比男性(92.6%)高。

69. 虽然1994年和2003年调查显示菲律宾人民基本读写能力比率较高,但菲律宾文盲的绝对人数依然庞大,在2003年约为410万。菲律宾10～19岁和20岁及以上两个年龄组文盲人口分别约为80万和320万。这些文盲人口应被纳入扫盲计划和替代学习体系的举措之中。

目标1:全面覆盖所有失学青少年和成人,满足其学习需求

70. 国家致力于帮助所有超过入学年龄但为功能性文盲的人员,使其发展成为在其母语、菲律宾语和英语方面具备功能性读写能力的人员。这与世界全民教育宣言的目标3——"通过平等地接受适当的学习和生活技能项目,确保满足所有青少年和成人的学习需求"相一致。

71. 为实现上述目标,国家的一项迫切任务是将非正规教育转型为替代学习体系,以促进全民教育的实施。首要且最迫切的一步,是促使校外的尚未具备功能性读写能力的青少年和成人完全具备功能性读写能力。为此,必须采取的行动包括:

(1) 政府资助将替代学习选择作为基本和常规的组成部分,纳入所有公立、私立和民间团体的社会经济发展举措之中,并确保处境困难的个人和团体可以使用;

(2) 成人扫盲组织应与已参与社区发展和扶贫的组织更为密切地合作。

72. 教育部实施了两项非正规教育计划:

(1) 基础扫盲计划,它主要以社区为基础,向文盲的青少年和成人提供教育以发展其基本的读写能力;

(2) 向未完成10年基础教育的人员提供认证和同等学力计划,这主要针对15岁及以上难以接受正规学校教育或从正规小学、中学辍学的校外青少年和成人。

这些计划分别通过"扫盲服务合约计划"和"学习支持传递体系",与地方政府、国立大学、教会组织、人民团体和非政府组织等合作机构通过签订合同提供服务。由于国家通过有效的认证同等学力体系强有力地支持替代学习体系,它被乔木提恩地球村的全球团体和联合国教科文组织授予了"国际野间扫盲奖"。

73. 如前所述,约有356万15岁及以上的菲律宾人不具备读写能力。在16～24岁这一年龄组的超过1 600万人中,只有34%在学校学习。约60%(约940万人)未进入学校以及未参加替代学习体系计划,只有6%未进入学校但参加了不同类型的替代学习体系计划。在参加替代学习体系计划的学生中,只有256 690人进入了教育部替代学习体系局的"扫盲服务合约计划"。其他人员则进入了地方政府、非政府组织和其他政府机构通过基础扫盲班实施的社区发展计划之中。

74. 更为糟糕的是,并非所有注册该计划的学生都可以完成模块的学习。在国家层面,2000—2005年"扫盲服务合约计划"学习者的平均完成率只有82.6%。

75. 面向15岁及15岁以上青少年和成人的非正规教育或替代学习体系计划的参与率最低的为基础扫盲班(2.2%),功能扫盲班、基础职业培训计划也很低,分别为4.6%和6.2%。生计培训的参加人数最多,约为总人数的43.2%。

76. 为了评价学习者的表现以及从非正规教育中获得的能力,教育部开发了认证与同等学力考试计划。这个计划面向未完成10年基础教育的人员。它主要进行测验和评估,评估学习者的能力并颁发能力水平证书。

77. 基于以上,认证与同等学力考试的通过率并不理想。小学的通过率仅为13%~24%,中学的通过率为13%~19%。

78. 而且,许多参加考试的人员是随机性的,未必是参加认证与同等学力计划的学习者。这些随机的考试人员,有些是从正规基础教育学校辍学,参加认证和同等学力考试是为了获得与正规教育体系同等的教育资格,作为取代参加菲律宾教育分级考试和返回正规学校教育的另一条路径,以便获得进入高等教育的机会。上述这些人员,大多居住在城市地区或者很容易到考试中心的地方。这些学习者更容易接触作为各种知识信息来源的大众传媒,相较于那些不易于接触大众传媒和居住在偏远地区的人员来说,这些有利条件有助于帮助他们更为容易地通过考试。

79. 替代学习计划(撇开质量问题不谈)有限的覆盖面,清楚地表明需要进一步采取措施扩大计划的覆盖面,以满足不识字的菲律宾人的基本学习需求。因此,教育部应快速引入方法论,将基础性和功能性扫盲计划纳入其他政府机构,诸如环境和自然资源部、农业改革部、卫生部、社会福利与发展部等的社区发展举措之中。而且,地方政府和非政府组织有关替代学习体系也应重视帮助不识字的菲律宾人。

80. 2007年,替代学习体系完成人员比例和认证与同等学力考试的通过率等同于2008年和2009年制定的目标。

目标2:普及学校参与和降低乃至消除1~3年级的高辍学率与留级率

81. 国家致力于确保所有6岁儿童进入学校。但是,非常重要的前提是这些儿童已经做好学习准备,且已经具备1~3年级必需的能力。为了帮助他们做好准备,所有3~5岁的儿童均应接受优质的学前教育以及幼儿保育与发展计划,尤其是那些最不可能进入学校的儿童、最有可能在1~3年级辍学或留级的学生。这些计划通过利用各种政府、非政府和社区资源,为幼儿提供健康的心理疏导和早期学习机会。

82. 这个计划与世界全民教育的两个目标相一致:
(1)扩大和提高综合性的幼儿保育与教育,尤其是对那些最为脆弱和弱势的儿童;
(2)确保到2015年所有儿童(尤其是女童、不同处境下的儿童和少数族裔儿童)均有机会接受免费、义务的优质初等教育。

扩大接受优质幼儿教育服务的机会

83.幼儿教育质量的好坏已经成为正规学校体系中1年级学生是否能够表现得更好的主要决定因素。1年级高辍学率归咎于入读1年级的学生未曾受过学前教育。虽然国家自20世纪90年代开始实施幼儿教育计划,但2000年全民教育评估指出,扩大该计划的覆盖面并没有缓解1~3年级学生的参与率、保留率和完成率低的问题。家长普遍缺乏对幼儿教育重要性的认识与关注。

84.为此,国家制定了有关由私立托儿所、地方政府举办的幼儿教育机构和教育部监督和管理的公立学前教育机构等提供幼儿教育服务,以及加强合作、信息和培训方面的新目标。

85.由地方政府管理和监督的公共日托体系,是菲律宾3~5岁儿童早期保育与发展服务最大的提供者。日托中心主要用于在白天向孩子尤其是职业女性的孩子提供保育。中心每天上午和下午分别可以接纳30个孩子。日托活动包括辅助游戏、小组活动(工艺与艺术、音乐与运动、讲故事)、个人卫生、补充喂养、健康与营养教育、社会化和早期学习经验。

86.2005年全国日托中心的总数量为45 433个,一些村不止一个,然而也有一些村一个没有。2005年,全国约81%(32 112个)的村拥有日托中心,相较于2002年(78%)有所上升,但与预期的2005年85%的村拥有日托中心这一数字仍相差4%。有些村也需要更多的日托中心,因为人口稠密地区儿童绝对数量较高或者处于偏远地区儿童难以到达村的日托中心。

87.虽然《共和国第6972号法案》规定所有的村必须建立日托中心,但政府尚未解决日托中心的入学问题。通过建立由非政府组织和私营企业家运营的私立日托中心,日托中心已经扩大了规模。但是,日托中心数量的增长带来了质量问题。为此,社会福利与发展部制定了用于认证日托中心的标准。2005年,进行认证的日托中心为27 864个,相较于2002年的16 130个有所增加。

88.其他日托服务的形式包括:

(1)诸如一些政府办公室、私营企业、商业机构为其员工子女在工作场所开设的儿童照料中心;

(2)家庭日托,主要在中等规模范围内实施,由经过训练的日托母亲或看护人员在家庭内对2~4个三岁以下儿童提供照料;

(3)在监护之下进行的邻里游戏,旨在同龄儿童之间建立起非正式的群体关系,培养其社交和早期学习的能力。但是,邻里游戏的实施是小规模的。对于弱势儿童来说,社会福利与发展部实施了以社区、家庭为基础的幼儿教育项目,惠及困难、不同境况下的儿童。还有学前服务承包方案,其重点关注的就是那些未能进入公私立幼儿园和日托中心的儿童。

89.至于5岁儿童,政府继续向教育部提供额外的资源,用于在公立小学内建立学前班。这促使公立学前班由 2002 年的 8 265 个增加至 2005 的 10 655 个。私立幼儿教育也在城市地区不断发展。

90. 尽管村日托中心和公立小学内学前班数量显著增长,但距离到 2005 年达到 30% 毛入学率的目标还有很大差距。目前整个国家的毛入学率仅为 20.5%。

91. 从 2005 年到 2007 年,绝大多数地区幼儿保育与发展项目的毛入学率达到了令人满意的结果。虽然棉兰老岛除穆斯林自治区外绝大多数区入学率有所改善,但仍将全国幼儿保育与发展项目的毛入学率拉低至 21.54%。

92. 根据幼儿教育服务覆盖每个年龄群体,家长倾向于将幼儿教育视为学校准备项目并只送较大的孩子到幼儿园。因此,近 60% 的 5 岁儿童可以获得幼儿保育与发展中心的服务,但只有 19.6% 的 3~4 岁儿童可以获得服务,因为家长通常在家里照顾这些年龄较小的孩子。

93. 2002—2005 年,由于幼儿教育毛入学率以及 4~5 岁儿童接受学前教育人数的增长,拥有幼儿教育经验的 1 年级入学者比例不断增长。虽然毛入学率达到 60.68%,但这一成绩远低于 2005 年 67% 的目标。为了向在 1 年级前缺乏幼儿教育经验的儿童进行教育,教育部于 2004 年发布了第 10 号令,在 1 年级引入了为期 8 周的幼儿教育课程。

94. 为了确定 1 年级入学者是否已经为接受严苛的正规学校教育做好准备,教育部于 2005—2006 学年开始实施 1 年级准备测验。这个项目主要是为了确定 1 年级学生是否已经具备自信,建立良好的人际关系,积极参与班级活动所需的社会、运动和相关准备能力。它也用于确定 1 年级入学者在不同领域的发展水平,这是追踪 1 年级学生学习能力的关键。该测验类似于儿童幼年的发展评估,采用幼儿保育与发展清单。该测验共两次,第一次在学年开始前 2 周实施,第二次在学生完成 8 周的幼儿发展课程后实施,第二次主要关注学生在第一次评估中未展现的能力。2006 年的测验结果显示,只有 36% 的 1 年级入学者为进入学校做好了准备。

95. 许多菲律宾人受教育程度低,导致菲律宾出现了大量的基础性和功能性文盲。只有 67.99% 的 6 岁及以上人口可以完成小学教育。中学阶段的毕业率降至 61.66%。更为糟糕的是,并不是所有完成中学教育的学生都能够具备进入高等教育或就业所需的能力。

96. 质量较差的中学毕业生出现这一问题是多因素综合作用的结果,这一问题在基础教育的基础阶段(幼儿教育和小学的前三年)已经出现,而随着学生进入更高的年级,这一问题并未受到足够重视。同样,未完成学业要求学生和留级学生人数的增长很大程度归咎于缺乏或没有幼儿教育经验的 1 年级入学者未做好准备。未做好准备使得学生缺乏学习接受能力,尤其是当课程采用英语作为教学语言时。这强化了在低年级使用母语作为教学语言的重要性,这将提高学习和记忆的效果。其他导致辍学的原因主要与家庭有关。例如,父母由于自身辍学,对于子女受教育缺乏兴趣和支持;贫穷也迫使儿童辍学赚取收入以贴补家用。

97. 为了实现全民教育的普及、降低乃至消除小学 1~3 年级的辍学率和留级率这一目标，国家要确保所有 6 岁儿童，在进入 1 年级前具有幼儿教育的经历，并且能够在适当的年龄适当的时间入学。

98. 2005 年 1 年级净入学率目标（6 岁儿童 1 年级入学百分比）是 77.7%。但是，在这一年只有 36.81% 的 6 岁适龄儿童进入 1 年级。其中一个原因是家长更倾向于将他们年龄较大的孩子送入学校。

99. 从 2005 年到 2007 年，在规定的年龄即 6 岁进入 1 年级的学生人数，从 2005 年的 36.81% 增长至 2007 年的 45.62%。这些学生大多来自吕宋岛而不是维萨亚斯和棉兰老岛。

100. 据估计，在 2007 年约 226 万的 6 岁儿童中，只有 45.62% 注册进入 1 年级。这意味着 1 年级 6 岁儿童的净入学率仍然很低，只占到了全国 6~11 岁人口的 9.17%，项目必须鼓励这些儿童入学以便提高整体的参与率。

101. 一个导致 6 岁儿童进入 1 年级比率较低的可能性因素是私立学校的教育方案，尤其是在首都、宿务岛和达沃等高度城市化的地区。私立学校的一般做法是保育从 4 岁开始，幼儿园从 5 岁开始，学前班从 6 岁开始。这样，私立学校儿童从 7 岁开始读 1 年级，而公立学校的政策是从 6 岁开始。因此，公立、私立学校在政策实施上是断裂的。

1~3 年级的辍学率和留级率

102. 2005 年确定的辍学率与留级率目标同样也没有实现。2005 年的辍学率和留级率分别比当年的预定目标低了 3.57% 和 1.71%。虽然随着年级的增长，辍学率和留级率呈降低趋势，但换算成绝对值整个体系却有极大的损耗。事实上，在过去 5 年辍学率和留级率几乎没有任何改善。无疑，应巩固和加强不同的预防辍学的项目。

目标 3：以满意的成绩水平完成基础教育的整个周期

103. 《菲律宾 2015 年全民教育的国家行动规划》期望，所有 6~11 岁儿童应完成小学教育且每个年级都应取得令人满意的成绩，所有 12~15 岁的儿童应完成中等教育并在每个年级都应取得令人满意的成绩。

小学净入学率、完成率、升学率

104. 在 2000 年全民教育评估期间，菲律宾的公立、私立小学的净入学率达到 96.77%。自那以后，这一数据直线下降，到 2005—2006 学年降至 84.44%，这与 2005 年 92.19% 的目标相去甚远。两年后，净入学率几乎保持在 84.84% 不变，但这仍远低于 2010 年 90% 的目标。净入学率仍然很低，难以实现在 2015 年之前实现普及初等教育的目标。

105. 那些未进入小学的儿童包括：

(1) 没有小学的偏远地区（2005 年全国约 1% 的村没有小学）的儿童；

(2) 有特殊需要但又难以进入特殊教育班级或学校的儿童；

(3) 流浪儿童；

(4) 由于武装冲突学校停止运营地区的儿童。

106. 除了让所有适龄儿童进入学校这个问题之外,学校体系也难以有效地确保所有进入 1 年级的学生可以在 6 年时间内完成初等教育。从 1999 年起,初等教育的完成率逐渐上升,2001—2002 年达到峰值 74.94%,这个数字甚至超过了 2005 年拟定的 70.12% 的目标。不过自那时起,这一数字开始下滑,到 2005—2006 学年达到了 7 年中的最低值。2007 年,完成率又上升至 73.06%,距离 2010 年 75% 的目标只差 2%。

107. 初等教育完成率较低的部分是由于大量村级学校的年级不完整。在 2005 年的 37 496 所小学中,约 21% 即 7 766 所小学其年级是不完整的。其他的主要原因包括当地招收大量的童工,农村地区尤为严重,以及儿童营养不良等。

108. 积极的方面是,升学率并不是一个大问题。这意味着教育体系足以确保小学毕业生可以进入中等教育体系。自 1999 年起,这一比例从未低于 90%,在 2005 年甚至达到 102.55%。之所以超过 100%,是由于大量的 1 年级新生在辍学 1 年或更长的时间后重新回归正规学校教育。在 17 个区中,14 个区的升学率超过 100%。2007 年的升学率是 96.97%,而棉兰老穆斯林自治区则达到 116.84%。

109. 相较于初等教育,高中教育拥有鲜明的特点。诸如贫困、同辈影响和家庭问题等社会问题对高中学生的影响更大,以至于他们难以继续留在学校。

110. 随着儿童进入更高的教育阶段,辍学率相对提高。尤其是男童被迫辍学从事经济活动以贴补家庭收入。中等教育阶段的入学率和完成率要低于初等教育,难以达到 2005 年制定的指标。甚至是毛入学率也低于 100%,这意味着大量的中学适龄青少年未注册入学。

111. 2007 年,净入学率从 2005 年的 58.54% 提高至 61.91%。辍学率同样有所改善,从 2005 年的 12.5% 降至 2007 年的 7.5%。

112. 中等教育尤其是初中 1 年级的高辍学率导致了其完成率较低。除了经济原因、家庭问题包括父母缺乏继续送子女读书的意识外,家庭破裂、高中学生早婚也是导致辍学的主要因素。同样,教师缺乏专业能力和激励技巧、教师态度和个性等也是影响因素但不是共性因素。

目标 4:全社会共同推动全民接受基础教育

113. 教育是一项基本权利,没有教育权,其他所有的权利都不值一提。而由于教育的复杂性,仅依靠教育部和教育工作者是难以解决的,需要各部门组成"大联盟"共同支持普及基础教育。

114. 全民教育运动建议政府组织、家庭和个人建立联盟以便满足所有儿童、成人和失学青少年的基本学习需要。《菲律宾 2015 年全民教育的国家行动规划》第 8 项关键任务,是创建倡导者、拥护者和实施者的组织。这涉及在 79 个省、117 个市、1 493 个镇和约 41 945 个村组织国家和社区的力量,扩大使用基础教育资源,强化和规范教育的社会责任,为教育部提供战略联盟和相关利益者,用于支持有关基础教育的主要政策决定和项目。

115. 大联盟协调统筹所有公立、私立学校，以便在一个连贯的框架和行动中开展"基础学习需求"所必需的大量工作。提供"基础学习需求"作为一种社会责任，需要各级建立新型且具有活力的合作关系：

(1) 所有类别和形式的教育之间的合作；

(2) 教育与其他政府部门（包括规划、财政、劳动、通信和其他社会部门）之间的合作；

(3) 次国家级层面上政府与非政府组织、私营部门、地方社区、宗教团体和家庭之间的合作。

国家、区和地方教育部门负有提供教育援助的责任。为了达到这一效果，应组建全民教育实施与协调机制，这包括国家、区、省、市一级的委员会。

(二) 全民教育进展情况

为大联盟配置资源

116. 根据《菲律宾 2015 年全民教育的国家行动规划》第 7 项关键任务，政府监督所有机构用于有关满足"基础学习需求"活动所使用的实际资源的分配。这样做主要是由于服务"基础学习需求"的所有政府机构所使用的所有货币和非货币资源（财务、人力、后勤及信息、系统和网络）应该是流动的、可监督和可被保护的。另一个目的是促进集体社会营销的系统化，由此，在教育愿景扩大的背景下基于政府用于基础教育的实际预算额度来教育公众。

117. 伴随非货币资源的流动，国家全民教育委员会的首要责任是定期评估现行的、计划的、可能的、可用的财政资源以作为复合全民教育资金。所有合作机构应确保其体系和网络可以进入，以促进信息共享、扩大基础学习渠道和促进有效的社会宣传。

城乡差距

118. 在幼儿教育和正规基础教育方面，城市学校的儿童比农村地区的儿童更具有优势。农村地区的贫困学生更容易在 6 年级辍学。在多数人口主要以自然资源为生的农村地区，贫困发生率最高。这意味着可用的财政资源（城市比农村拥有更多的资源）是基础教育入学率与完成率增长的关键。农村地区仍存在严重的留级问题，尤其是社会经济贫困的棉兰老岛地区，以及那些严重受到和平与秩序问题影响的地区，这些地区的父母更愿意让子女留在其视线范围内，而不是将他们送到充满不确定性因素的学校。

119. 2005 年，农村地区的净入学率高于城市，这主要是由于城市净入学率降低，而先前没有小学的村新建立了小学的结果。2002—2005 年，农村学校净入学率增长了约 10%。

120. 2002—2005 年，城市和农村地区小学的完成率均下滑。这是令人担忧的趋势，因为宝贵的资源被浪费，尤其是在农村地区，目前其小学的完成率只有 50% 左右。同样，中等教育的完成率也是城市稍高一些。如前所述，农村地区较低的完成率部分是农村地区拥有大量不完整的学校（超过 7 000 所）所导致的。

121. 鉴于以上，向农村学校配置更多的政府资源确实是国家实现普及和完成基础教育目标的关键，这就需要修改《共和国 7880 号法案》。

公立、私立学校差距

122. 在公立、私立学校的差距方面，私立学校在吸引学生留在学校以及完成初等和中等教育方面比公立学校做得更好。特别是，中等教育的完成率从 2002 年的 73.6% 降至 2005 年令人担忧的 57.7%。公立小学的留级率约是私立小学的 10 倍，公立中学的留级率约是私立中学的 5 倍。

123. 私立学校更好的表现是由于其良好的学习环境，诸如小班制、较低的师生比以及诸如计算机、科学实验室、现代化的图书馆、体育设施等高质量的学校基础设施。不足的财政资源使得公立学校难以提供上述服务和设施。全国只有 5% 的学生可以注册并有能力支付私立教育昂贵的学费。私立学校高成本实际是激励学生尽可能在最短的时间内完成学业，既然教育成为一种投资，就必须回收，这只有通过完成学校教育方能实现，而公立学校教育则是免费的。

124. 尽管如此，公立小学以及公立高中的完成率在 2005 年降至 4 年来的最低水平。公立中小学的留级率在 2005 年也出现恶化，而私立学校则有所改善。

125. 值得注意的是，公立、私立学校的教育成果均呈下滑趋势，尤其是学校在数学和科学上的表现。这意味着，虽然学校基础设施很重要，但也必须重视课程质量的提高和教师的发展。

地区差异

126. 多年来，地区间在所有关键指标上的差距明显拉大。国家首都区功能性文盲仍高达 94.6%，而棉兰老穆斯林自治区则只有 62.9%。维萨亚斯和棉兰老岛地区功能性文盲的比例均低于国家 84.1% 的平均水平。

127. 极少数地区在提高幼儿教育入学率上做得很好。第六区 87.41% 的 1 年级新生拥有学前教育经验，这个比例是最高的，比 2005 年 67% 的全民教育目标高出了约 20%。棉兰老穆斯林自治区在幼儿教育方面再次表现不佳，只有 10.05% 的 1 年级新生拥有学前教育经验。事实上，棉兰老岛的 6 个地区表现均不好，都低于国家 60.68% 的平均水平。棉兰老穆斯林自治区毛入学率最低，辍学率最高。小学净入学率最高（Ⅳ-A 区，92.87%）和最低（卡拉加区，74.8%）的区差距扩大。入学率表现最好的区尤其是第一区、第二区、第三区是贫困率最低的区，而入学率最低的棉兰老穆斯林自治区、第九区和十二区，则是国家最为贫困的地区。观察所得的这些变量之间的相关性表明，投资基础教育有望减少贫困。

128. 中等教育阶段的地区差距逐渐降低，2005 年差距仍非常大，国家首都区入学率高达 74.9%，棉兰老穆斯林自治区为 35.6%。初等和中等教育完成率方面的差距更大，从 85.48%（第一区）到 34.76%（棉兰老穆斯林自治区）。

129. 概览教育部下属 187 个分部在全民教育关键指标方面的表现，排名前 20 的部门均来自吕宋岛地区,只有排名第9的塔比拉兰来自维萨亚斯地区。位居榜首的是位于菲律宾最北部的巴丹岛,其次是Ⅲ区的巴兰加市和Ⅳ-A区的利帕市。Ⅰ区有6个部门(坎顿、拉奥格、维甘、北伊洛科斯、圣费尔南多、阿拉米诺斯)名列前茅。马尼拉市区在排名前20的部门中占据5席,虽然排名最高的帕特罗斯-塔吉格也只名列第10。

130. 与之相对的是排名最后的20个部门,大多来自棉兰老岛地区。最差的部门是苏鲁,其次是巴斯兰和马京达瑙。这三个部门都来自棉兰老岛地区。维萨亚斯地区表现最差的是东内格罗斯,排名倒数第5。

131. 贫困仍是教育表现的决定因素。表现最好的部门几乎均处在贫困率和失业率较低的地区,而表现较差的部门则来自高贫困率的地区。尤其是苏禄省,贫困发生率为92%(2002年),到2003年也只是降到88%,而巴西兰省2002年的贫困发生率为63%,次年甚至增长到65.6%。

132. 《菲律宾千年发展目标的中期进展报告》强调,所有目标、现行指标显示了地区间的巨大差异。只有4个区,即伊罗戈斯、中央吕宋、甲拉巴松和国家首都区(均处于吕宋岛)始终处于引领地位,拉高了许多指标的全国平均水平。国家的其他地区尤其是棉兰老岛总是落后的。在诸如卡拉加区和棉兰老穆斯林自治区这些高贫困发生率的地区推动普及入学和完成率,需要各相关利益者共同努力来实施一个全面的计划,以关注学校儿童及其各自家庭的需要。

133. 总之,可以对地区在关键结果指标上的表现进行如下的分类:

(1)赶超的区——表现超过全国平均水平且达到2005年或2010年目标的区;

(2)进步的区——表现不断进步但仍低于全国平均水平且未达到2005年或2010年目标的区;

(3)失去动力的区——先前表现高于全国平均水平但近年来下滑的区;

(4)落后的区——先前表现低于全国平均水平且到2005年或2010年仍在不断下滑的区。

134. 关于性别平等问题,菲律宾的情况完全不同,因为在教育问题上男童是弱势群体,而《世界全民教育宣言》明确提出女童遭受不平等待遇并因此力图确保女童充分且平等地接受基础教育。

135. 考察发现,在正规基础教育的所有关键性结果指标上,指向男童的性别不平等并未受到重视,事实上,情况越来越严重。性别平等只在幼儿教育阶段得以实现。随着学习者进入更高的年级和学年,学校体系中男童的流失率会更高。如果1名女性学生辍学的话,相对的就有2名男性学生辍学。在17个区内,相较于女性,男性辍学者更多。

136. 在基本的识字率方面,女性(94.3%)高于男性(92.6%)。同样的,更多的男童在全国标准化考试中表现不好,男童的得分比女童低5~6个百分点。

137. 贫困是经常被提及的导致高辍学率的主要原因,而男童不得不帮助增加家庭的收入。另一个影响男童表现较差的关键要素是教师和学校难以使学习环境充满趣味性,并与男童尤其是青少年的特殊学习需要相关联。主要由女性教学和非教学人员主导的学校体系,应改进学校和课堂实践,因为当前的实践情况可能使得教学活动大多无关学习且枯燥乏味,尤其对男童来说。

138.男童的性别不平等这一趋势如果不断扩大,那么未来的菲律宾社会将出现很多无能的男性公民。世界全民教育的第5个目标是期望到2005年消除初等和中等教育内的性别不平等,到2015年实现教育上的性别平等。这还远未实现,除非教育部实施更为有效的方法去关注男童的特殊学习需求。

四、结论与建议

139.为了实现2015年全民教育的目标,国家需要实施关注特定学习者尤其是那些未获得服务和服务不足的学习者的政策、计划和项目。

(一)明确阐述全纳教育政策并大幅增加预算拨款

140.首先,教育部需要明确阐述作为全民教育整体政策和规划框架的全纳教育政策。这个政策将揭示如何实施课程,包括用于支持特殊学习者群体特殊需求的计划、项目和资源需求。教育部可以立即发布的一项政策是替代教学模式计划的制度化,它将服务于困难和不同环境下的学习者并采用自我学习模块的学习方式。

141.其次,政府应采取全面而具体的行动以解决基础教育财政不足的问题。特别是,政府在未来的全民教育融资战略中应考虑以下问题:

(1)基础教育投资不足(仅占GDP的2.4%);教育部85%的预算用于支付职员薪资;

(2)由于现行政策的某些"漏洞",有限的国家和地方政府资源尤其是基建投资和运营成本被不平等地分配。

142.现行不平等的资源分配,要求政府考察现行的有关农村学校资源分配的立法和政策,以改善农村学校的不利条件。而且,也需要重新考察"政府援助私立教育内学生和教师"相关法律的实施情况,以明确国家对于私立学校的政府补贴是否切实使贫困学生受益,以及私立学校是否比公立学校有更高质量的产出。

(二)解决影响实现全民教育的社会经济和地理与物理因素问题

143.菲律宾的基础教育体系应是弹性的,并在受到非学校因素影响时可以积极响应学习者的需求,诸如:

(1)经济因素

①菲律宾的经济仍依赖农业、渔业和林业,但同时诸如业务流程、信息通信技术配件、医疗服务等的全球市场也正在兴起,这要求教育部实施与地方和全球需求更为相关的基础教育课程;

菲律宾对外输出大量工人——学校需要满足移民工人子女的需求(尤其是那些具有不正常或危险行为等的学生)。

②较高的贫困发生率使得贫困家庭难以承担基础教育的个人成本；这需要教育部和地方政府部门尽可能在预算拨款中划拨部分用于贫困家庭学生支付其他的学校开支。

(2)社会因素

适龄学生人口的逐渐增长要求政府有效且高效地实施财政改革，因为这对实现全民教育目标具有重大意义。在这点上，教育部应积极参与倡导高效的税收征管制度，同时，调动地方政府、私营部门和其他合作者的资源，这有助于供给全民教育增长的预算需求。

(3)语言与文化因素

①鉴于国家内遍布不同的民族和组织——有效实施面向伊斯兰教育的课程本土化政策十分必要；

②鉴于国家拥有超过111种方言，需要重新考量现行有关教学语言的政策：在全国范围内有效地实施使用母语作为学前和小学前2年的主要教学语言。

(4)地理与物理因素

①考虑到基础教育体系庞大的规模（在7 107个岛上的超过40 000所公立学校），使用现代信息通信技术是唯一可行向大规模、多样化且地理上分散的数百万学习者提供高品质的教学媒介；

②教育部必须认真考量采用弹性的校历制度——例如，校历的前3个月(6~8月)是马尼拉的雨季，经常发生洪水，在雨季和台风季节，监管学校非常困难和危险；

③需要对学校设施采用差异化设计以抵御诸如台风、地震等自然灾害。

(三)惠及未获得服务和服务不足的学习者

144.向处于困难或不同环境的儿童提供接受优质及相关基础教育的服务，对于国家来说仍是一个巨大挑战，而这应该尽快解决。这些儿童包括：

(1)从事劳动的儿童。教育部要加强实施中小学的远程教育项目，这样学校儿童如果确实需要工作谋生，在难以定期上课的情况下仍可以接受学校教育；

(2)流浪儿童。教育部要与其他政府机构和其他合作者(非政府组织、私营商业部门、地方政府部门)建立强有力的合作关系，以便向流浪儿童及其家庭提供基础教育和其他社会与生计服务(后者的主要目的是让孩子有机会继续接受学校教育)；

(3)有特殊需要的儿童(残疾儿童)。由于现行的政府教育设施有限，教育部与其他机构、合作者需要共同致力于扩大基础教育服务，以满足更多残疾儿童的需求。教育部应加强和扩大现行公立中小学内的特殊教育班级，并加强和推动普通班接收残疾儿童；

(4)伊斯兰儿童。鉴于在公立学校体系内伊斯兰学龄人口占据较大比例，在公立学校体系内有效实施面向伊斯兰教育的国家课程非常关键。课程的整体目标是发展伊斯兰儿童的核心能力，使其不仅能在自己的环境和文化氛围中怡然自处，也能在更广阔的社会天地中安身立命。从长远来看，这将有望有效地解决伊斯兰地区以及整个国家的经济、社会和政治问题；

(5)受冲突影响地区的儿童。集中力量支持保护儿童，尤其是那些未受过教育易被培训为士兵的儿童。同时也需要冲突双方制定和执行契约，确保学校是"和平区域"。

145.总的来说，菲律宾在幼儿教育、正规基础教育、替代学习体系方面几乎所有的关键性结果指标均未达到2005年的目标。绝大多数地区的表现归为"落后"一级，2002年的表现低于国家水平，到2005年仍持续下滑。虽然大量投资用于建立基础教育设施，但仍不足以确保所有3～5岁儿童可以进入幼儿学习中心学习，所有适龄儿童可以进入学校并能够最终完成基础教育，且达到令人满意的成绩水平。基础教育体系应关注学习者的不同需求，"一刀切"或传统的干预（例如建设教室、提供教科书等）不足以或将难以再发挥作用。

146.虽然一些地区表现突出，但国家的整体表现在下滑，且农村学生与城市学生、男童与女童在入学率和完成率方面的地区差异正在拉大。为了实现国家2010年教育目标，以及继续实现2015年的目标，所有的基础教育相关利益者应集中力量和资源，协助在关键性成果指标上落后的区、部门、学校和学习者。

147.除了针对所讨论的挑战提出的建议外，"国家全民教育中期评估"建议采取以下的政策行动和计划：

(1)幼儿教育

①增加幼儿教育的公共和私人投资，以建设更多的设施来招收更多的3～5岁儿童；

②支持替代性的幼儿教育教学模式（以家庭或社区为基础）；

③通过加强注册和认证体系，提高幼儿教育服务的质量；

④加强对幼儿教育的健康与营养方面的关注。

(2)正规基础教育

①集中力量通过以下措施惠及未获得服务和服务不足的学生：

A.在没有中小学校或学校较少的地区建立中小学校。

B.通过混合班方案，完善超过7 000所不完整的小学；开发和采购多层次的供学生使用的教学材料；为混合班级的教师开辟单独的职业路径；为混合班级教师提供培训并给予金钱鼓励（虽然已经构建了单独的职业路径）。

C.为贫困家庭学生提供直接支持（例如，有条件的现金转移支付）。

②大力推广前景广阔或富有成效的创新举措，满足处于困难情况下的儿童需要（务工儿童、流浪儿童、有特殊需要的儿童、穆斯林和原住民的儿童、受冲突影响地区的儿童，以及有危险行为的儿童）。

③提高正规基础教育服务质量：

A.进一步简化课程，以关注发展生活技能以及高效的国家测试与评估体系；

B.在幼儿教育和小学1～3年级采用母语作为教学语言；

C. 加强和深化实施适合儿童的学校体系,这有助于推进以权利为基础的教育(这不应只是一个计划或战略,而应是一种文化,所有的学校均应该培育);

D. 在全国所有公立小学扩大和加强实施"每个儿童一个阅读计划";

E. 扩大和深化面向高中一年级新生的衔接课程/补救方案;

F. 实施全面的信息通信技术计划,在尽可能短的时间内提供同样高品质的基础教育服务;

G. 合理化实施各级在职培训计划——它应以能力为基础,以需求为导向(基于教育水平);

H. 将中小学教育的认证计划予以制度化。

(3)替代学习体系

①实施有关建立地方扫盲协调理事会和识字实施单位的联合通函;

②加速方法的引入,以便将基础和功能性读写能力的发展纳入现有的各合作者的社区发展计划之中;

③教育部增加针对替代学习体系局的财政预算,使它可以不断地承接政策标准制定、国家协调和质量保证(提供技术支持以及监测和评估);

④重新设计替代学习体系计划,也就是技术教育与技能发展局的技术与职业技能项目;

⑤加强家长教育计划,发展家长的功能性读写能力,并倡导"受教育"的价值。

(4)治理、管理和财政

①增加基础教育的公共与私人投资,向低于一般水平、弱势和未得到充分服务的地区提供更多的资源;

②加强体系的治理与管理。

(5)大联盟

①利用现有的各级全民教育的相关结构,建立和运营全民教育实施协调机制;

②将全国全民教育规划转化为地区、省、市和镇级的规划;

③扩大和重组地方学校委员会,以便它可以更好地适应全民教育的需求(包括幼儿教育和替代学习体系)。

(6)教育部内部

①通过校本管理全面落实权力下放(包括但不限于组织重组、改革财政管理体系以全面支持校本管理);

②加强各级的透明度和问责制。

文莱

文莱教育法

关于教育的法案,用于规定注册和管理所有学校、教育机构及相关事宜。(2011年修订案)

第一章 序 言

简称

1. 本法案可被称为"教育法"。

说明

2. 在本法案中,除非特别说明,否则:

学术性教育机构,指主要提供学术性教育的教育机构。

年龄,指学生截止到学年第一个月第一天的年龄。

批准的费用,指由负责教育事务的部长批准的费用。

注册助理,指根据本法案第5条第2款规定任命的教育机构注册助理或教师注册助理。

分校,指拥有大学或学院地位的高等教育机构的分支,包括国外大学的分校或根据本法案建立的学院。

通信,指以专人或邮递方式送达的信件。

函授学校,指采用通信手段提供教育或教学的组织或机构。

委员会,指根据本法案第10条建立的文莱全国教育委员会。

学位,指大学、学院或此类机构的分校,向成功完成学位或同等学力课程的人员授予的本科、硕士或博士级别的学术资格。

文凭,指圆满完成旨在授予文凭或同等证书的课程(但不包括拓展教育课程)后,被授予文凭或高级文凭的学历。

主任,指根据本法案第6条第1款任命的督学主任。

远程教育中心,指通过以下方式:

(1)完全采用电子媒介。

(2)完全采用通信手段。

(3)部分采用电子媒介、部分采用函授或其他教学方式提供教育或教学的场所、组织或机构。

区教育官员,指根据本法案第7条任命的某个地区或区域的教育官员。

教育机构，指学校或任何其他承担组织或机构职责且相关人员开展常规性的教学工作的场所，包括学前班、幼儿园、远程教育中心，但不包括部长在政府公报上公开宣布并非教育机构的任何场所。

进修教育，指向未在教育机构接受正规教育人员提供的全职或兼职教育。

公立教育机构，指根据本法案第四章和第五章规定由部长建立和全权管理的教育机构。

理事，指由政府授权管理教育机构的人员，包括根据2003年《教育法》任命并注册为管理者的人员。

校长，指在公立学校内由部长任命的教育官员，在私立学校内由其理事会根据本法案第69条第2款规定任命的管理人员。

高等教育，指由高等教育机构提供的教育。

高等教育机构，指通过提供高等教育授予文凭、学位或同等学力学术资格的学校。

督学，指学校督学。

治理文书，指本法案第66条规定的治理文书。

幼儿园，指为10个或10个以上4～6岁的儿童提供学前教育的场所。

初中教育，指适合学生完成初等教育的课程。

部长，指负责教育事务的部长。

部委，指文莱教育部。

国家课程，指根据本法案第20条提供的课程。

家长，指监护人和在法律或事实上负责监管学生的任何人。

常务秘书，指教育部的常务秘书。

场所，指任何公立或私立的场所。

中等后教育，指向高中毕业生提供的除高等教育以外的教育。

办公场所，指教育机构的所有建筑，包括提供住宿的所有建筑和面向该机构师生的其他设施，但不包括其所占据的土地。

学前班，指为10个或10个以上3～4岁的儿童提供学前教育的场所，包括幼儿园。

学前教育，指面向学前班或幼儿园学生提供的教育项目。

规定，指根据本法案制定条款所做的规定。

初等教育，指6年制小学课程，但可以在5～7年内完成。

小学，指以下两类学校：

(1)根据本法案第25条向适龄儿童提供初等教育的学校。

(2)帮助学生准备规定考试的学校。

私立教育机构，指政府教育机构以外的教育机构。

学生，指在教育机构内接受教育或培训的任何年龄段的学生。

注册教师，指根据本法案注册的教师。

注册员，指根据本法案第5条任命的教育机构和教师登记处的注册人员，包括注册总署署长或代理注册总署署长。

注册总署署长,指根据本法案第5条第1款任命的教育机构的注册总署署长,包括根据本条款任命的代理注册总署署长。

学校,指10个或10个以上人员在1个或多个班级进行常规教学的场所。

中等教育,指初中教育和高中教育。

中学,指向刚刚完成初等教育的学生提供中等教育的学校。

特殊教育,指满足学生特殊教育需求的教育。

特殊学校,指根据本法案第30条规定提供特殊教育的学校。

教师,指:

(1)在教育机构内教育学生的人员。

(2)通过远程教育中心备课、授课或修改反馈答案的人员,包括校长。

高中教育,指向完成初中教育的学生提供适合其能力和倾向的教育。

赦免教育机构的权力

3. 如果部长认为有必要且基于教育机构、学生或公众的利益,他可以通过政府公报发布命令,宣布任何教育机构或班级免受本法案所有或部分条款的限制,同时可以增加他认为合适的条件,而且部长可以使用自由裁量权随时撤销赦免,取消、更改或增加条件。

第二章 行　政

任命

4. 由苏丹任命的常务秘书或任何其他官员,有权履行本法案赋予的职能,有权向部长就涉及教育理论与实践的事宜提出建议。

注册总署署长、副署长、教师、注册员和注册助理

5.(1)教育机构的注册总署署长、副署长和教师均应由苏丹任命。

(2)如果部长认为实施本法案有必要的话,他可以任命一定数量的教育机构的注册员、教师和注册助理。

(3)副署长、注册员、注册助理均应接受注册总署署长的领导和管理。

(4)注册总署署长享有本法案赋予的权力与职能,注册总署署长不在文莱或由于疾病等原因暂时难以履行职责,则由副署长代为行使职权。

(5)注册员或注册助理享有注册总署署长或本法案赋予的权力与职能,并接受注册总署署长的规限。

督学主任和督学人员

6.(1)督学主任由苏丹任命。

(2)部长负责任命其他督学人员,所有督学人员均接受督学主任的领导和管理。

区教育官员

7. 部长根据本法案为每个地区任命一名区教育官员。

部长发布一般指示的权力

8. 不违反本法案及其相关条例规定的前提下,部长可以随时向根据本法案第二章条款任命的官员发布一般指示,行使本法案及其相关条款赋予官员的权力、自由裁量权,去履行应尽的义务和完成所有部长认为影响国家教育政策的事宜,相关官员应贯彻执行所有指示。

部长发布特别指示的权力

9. 不违反本法案及其相关条例规定的前提下,部长可以随时向根据本法案第66条第2款任命的管理委员会任何成员或教育机构的校长发布指示,涉及的所有事宜不应超出本法案的规定,管理人员、委员会成员或校长应贯彻执行所有指示。

第三章 全国教育委员会

全国教育委员会

10. 为了实施本法案,应据此建立文莱全国教育委员会(以下简称"委员会")。

委员会的构成及秘书

11. (1)委员会成员包括:
①教育部部长,任主席;
②宗教事务部部长;
③能源与工业部部长;
④文化、青年与体育部部长;
⑤财政与经济部部长;
⑥教育部副部长;
⑦经济发展委员会主席;
⑧由部长提名、苏丹任命的7位其他成员。
(2)常务秘书为委员会秘书。

免职

12. 苏丹有权免除根据本法案第11条第1款任命的人员的职务。

委员会职能

13. 在部长的要求下,委员会可以对涉及教育政策与发展的所有事宜向教育部提供协助和建议。

制定关涉委员会条例的权力

14. 获得苏丹批准后,部长可以制定条例确保本法案第三章规定的生效和实施,在不损害一般规定的情况下,条例可用于规定:
(1)成员的办公条件。
(2)委员会会议和履行职能的程序事宜。
(3)任命委员会下属委员会和分委会。
(4)部长认为确保委员会正常履职必需的其他事宜。

规范诉讼程序的权力

15.(1)根据本部分及据此制定相关条例的规定,委员会有权规范自己的诉讼程序。
(2)根据本法案第15条第1款的规定,主席应责成相关人员保存委员会所有会议和诉讼的记录。

第四章 国家教育体系

国家教育政策

16.(1)国家教育政策应以国家的"马来伊斯兰君主制"理念为基础。
(2)根据国家教育政策的要求,部长应确保所有适龄儿童有机会进入中小学,并在学校完成相应课程。

国家教育体系的教育层次

17.(1)国家教育体系包括:
①学前教育;
②初等教育;
③中等教育;
④中等后教育;
⑤高等教育。
外籍学校的教育不包括在内。
(2)在本条款中,"外籍学校"指主要向文莱以外国籍儿童提供教育的学校,但这类学校也可以招收本地学生。

教育机构类型

18. 国家教育体系中的教育机构可以分为两类:
(1)政府教育机构。
(2)私立教育机构。

教学语言

19.(1)马来语是所有教育机构的主要教学语言。

(2)所有教育机构也可以采用英语作为教学语言,但应与马来语连同使用。

(3)阿拉伯语可以在阿拉伯语系学校或其他学校作为教学语言,但在这些学校内必修课程的教学必须使用马来语或英语。

(4)在适当情况下,部长可以豁免教育机构使用马来语或英语作为教学语言。

所有学校使用的国家课程

20.(1)国家教育体系内依法注册的所有学校,均应采用部长规定的国家课程。

(2)本法案第 20 条第 1 款规定的国家课程,应规定学生完成教育阶段后应达到的知识、技能和价值观目标,且应包含核心课程和其他规定课程。

帮助学生准备规定的考试

21.(1)所有学校均应帮助学生准备参加部长依法规定的考试。

(2)部长可提出他认为合适的任何条件,对本法案第 21 条第 1 款规定做出豁免。

学前教育

22. 部长可根据本法案规定组建和运营幼儿园和学前班。

学前教育课程

23. 所有幼儿园的项目和活动均应以部长批准的课程为基础。

制定学前教育条例的权力

24. 在获得苏丹批准后,部长可制定和实施有关幼儿教育的条例。

初等教育

25.(1)部长应负责在公立学校内提供初等教育。

(2)根据本法案规定,部长可建立和运营公立小学。

(3)小学的最低入学年龄是 6 岁。

(4)尽管本法案第 25 条第 3 款如此规定,但如果部长认为合适,他可做出豁免,允许年满 5 岁的儿童入学。

(5)本法案第 25 条第 3、第 4 款的规定也适用于私立学校。

中等教育

26.(1)部长应负责在以下公立中学内提供中等教育:

①学术中学;

②部长确定的其他特殊类型的中学。

(2)部长可根据本法案规定建立和运营中学。

中等后教育

27.(1)部长可在以下机构内提供中等后教育:

①学院;

②部长确定的其他类似的教育机构。

(2)如果根据本法案第 27 条第 1 款提供中等后教育,那么,部长可根据本法案相关规定建立和运营这类机构。

职业技术教育

28.(1)根据本法案,职业技术教育包括:

①技能培训;

②涉及特定工作的专项培训;

③提升已有技能的培训;

④部长许可的其他类似的技术或职业培训。

(2)部长将负责职业技术教育的一般性指示。

(3)部长可通过以下机构提供职业技术教育:

①技能培训中心或类似机构;

②职业学校;

③技术学院;

④护理学院;

⑤科技机构;

⑥部长确定的其他类似教育机构。

(4)部长可建立和运营本法案第 28 条第 3 款提及的教育机构。

组建职业技术教育委员会

29.(1)部长可组建职业技术教育委员会。

(2)根据本法案第 29 条第 1 款组建的委员会,将负责发展和规范职业技术教育。

(3)委员会有权为履行职能做所有权宜或合理、必要的事宜。

(4)委员会向部长负责,部长可向委员会下达一般性指示,如果相关指示有违本法案,委员会应执行该指示。

(5)获得苏丹批准后,部长可以实施本条规定,且在不损害一般权利的情况下,可制定相关条例:

①委员会章程;

②成员办公室的设施;

③委员会会议;

④任命委员会委员和分委会;

⑤委员会的权力与职能;

⑥部长认为委员会正常运作所必要的其他事宜;

⑦根据本法案和相关条例的规定,委员会可规定自身的流程。

部长提供特殊教育

30.（1）部长可在他认为适宜的公立中小学和其建立的任何特殊学校内提供特殊教育。

（2）获得苏丹批准后，部长可以制定条例规定：

①适合特殊教育学生需要的中小学教育的时限；

②特殊教育的课程；

③需要特殊教育的学生类型，以及各类特殊学校内适合学生的教育方法；

④为实施本条款规定，部长认为权宜或必要的任何其他事宜。

关于教师教育的一般指示

31.（1）部长可发布关于教师教育的一般指示。

（2）任何人只有在获得部长批准后方可建立或运营教师教育机构。

（3）根据本法案第31条第2款的规定，所有教师教育机构均应依法注册。

（4）只有根据部长附加的任何适宜的条件，获得部长同意后，教师教育机构方可实施相关课程和培养方案。

（5）根据本法案建立的教师教育机构，可授予证书、文凭和其他规定的学术资格。

（6）部长可建立和运营教师教育机构，并在该机构内提供教师教育。

（7）获得苏丹批准后，部长可制定实施和生效与本条关于教师教育机构规定相关的条例。

伊斯兰教育

32.（1）学校有责任向信奉伊斯兰教的学生提供教育。

（2）根据本法案第32条第1款规定，提供伊斯兰教育应遵从伊斯兰教教学的规定。

部长提供经济援助和其他设施与服务的权力

33.（1）根据本法案相关条例的规定，部长可向公立学校的学生提供经济或其他方面的援助，以此确保学生充分利用可用的教育设施，这些援助包括：

①发放奖学金、助学金、贷款或其他经济援助；

②住宿、交通和书籍方面的援助。

（2）在不损害本法案第33条第1款一般权力的情况下，只要部长认为合理且可行，他可以向公立学校的学生提供咨询服务以及医疗或牙科检查，以保证学生的健康。

（3）由部长授权的官员向学生提供医疗或牙科检查，需要家长或监护人同意学生根据学校相关部门或依法注册的医生或牙医的安排检查。

（4）任何人员如无合理原因而违反本法案第33条第3款规定即属犯罪，一经定罪，将被处以不超过5 000美元的罚款。

评价学生

34.部长可规定评价中小学生的方式以及学生应达到的标准。

第五章 高等教育

部长负责高等教育

35.(1)部长可根据本法案或任何其他有关高等教育成文法的规定,在教育机构内提供高等教育,并负责下达一般指示。

(2)部长可建立和运营高等教育机构并在该机构内提供高等教育。

关于建立高等教育机构的禁令

36.(1)除非遵从本法案或任何其他有关高等教育成文法的规定,否则,任何人员不得:

①设立、组建高等教育机构,或进行任何以设立、组建高等教育机构为目的的活动,或进行任何有助于设立、组建高等教育机构的活动;

②为设立或组建高等教育机构收取或接受任何款项、赠礼,或采取任何行动,或进行任何活动;

③经营、管理或维护任何进行高等教育教学的班级,但由高等教育机构经营、管理或维护的班级不在此限;

④建立、运营、管理或维护被称为"大学"的高等教育机构。

(2)任何人员如果违反本法案第36条第1款规定即属犯罪,一经定罪,将被处以不超过200 000美元的罚款或不超过2年的监禁或两项并罚。

管理

37.(1)所有高等教育均应严格按照治理文书进行管理。

(2)根据本法案第35条或56条建立的高等教育机构或根据本法案第39条建立的分校或附属机构,其获批的治理文书在未获得注册总署署长批准之前不得更改或修订。

建立分校或附属机构需要获得部长批准

38. 私立或其他高等教育机构理事会,在未获得部长书面批准的情况下,不得建立分校或附属机构,也不得与任何其他高等教育机构合作。

建立分校或附属机构的申请

39.(1)根据本法案第38条,建立分校或附属学校的申请应向注册总署署长提出,接到申请后,注册总署署长应:

①检查申请;

②根据治理文书,考量高等教育机构章程;

③在以下方面向部长提出适当的建议:

A. 批准与否;

B. 任何被认为是必要的条件。

（2）根据本法案第39条第1款规定，部长可：

①有条件或无条件地批准申请；

②批准包含于治理文书中的章程；

③拒绝申请并阐明缘由。

（3）如果部长根据本法案第39条第2款第1项规定批准申请，那么，他可要求申请者缴纳规定的费用。

（4）如果根据本法案第39条第2款第3项规定申请被拒绝，那么，注册总署署长应将部长的决议以书面形式通知申请者。

（5）部长拒绝申请的决议为最终决议。

课程与培训

40.（1）高等教育机构应获得部长的书面批准方可：

①开设任何课程或培训项目；

②与以下机构通过联合、加盟、合作等形式共同开设课程或培训项目：

A.大学或高等教育机构（无论前者或后者是私立还是公立机构）；

B.文莱国内外的专业机构。

（2）如果部长对以下方面感到满意，他可以根据本法案第40条第1款予以批准：

①高等教育机构对于预期课程或培训项目所需的教育设施做出了适当的安排；

②预期课程或培训项目的质量达到部长认可的标准；

③预期课程或培训项目涉及部长根据本法案第35条规定提供高等教育的权力。

（3）根据本法案第40条第1款规定，代表高等教育机构行事的雇员，如果违反本条规定即属犯罪，一经定罪，将被处以不超过200 000美元的罚款或不超过2年的监禁或两项并罚。

（4）部长根据本法案第40条第1款规定，批准申请时，可附加以下所有或部分条件：

①部长认为合适的条件；

②规定的费用。

（5）任何人员如果未能根据本法案第40条第4款规定遵从相关条件或缴纳费用即属犯罪，一经定罪，将被处以不超过50 000美元的罚款或不超过6个月的监禁或两项并罚。

将马来伊斯兰君主制哲学作为必修科目

41.（1）所有高等教育机构均应遵从本法案第16条第1款相关国家教育政策的规定，将马来伊斯兰君主制哲学作为必修科目列入教学大纲。

（2）本法案第40条第1款提及的科目应作为高等教育机构内已有科目或其他课程的补充。

授予学位和文凭

42.(1)高等教育机构内的人员只有在达到相关机构规定的授予学位和文凭的最低标准时,方可授予其学位或文凭。

(2)根据本法案第42条第1款规定,只有注册为大学、大学学院或分校资质的高等教育机构方可授予学位。

首席执行官

43.(1)所有高等教育机构均应任命首席执行官,其需要由注册总署署长进行注册。

(2)注册总署署长可根据本法案第43条第1款规定,拒绝或取消注册被任命的首席执行官,如果:

①证明当事人犯有以下罪行:

A.涉嫌欺诈、不诚实或不道德的罪行;

B.涉嫌贿赂的罪行;

C.触犯任何涉及伊斯兰教的法律;

D.判处2年以上有期徒刑的其他罪行。

②当事人被判破产。

③当事人精神失常或不适合履行职责。

④当事人的行为危及文莱国家、公众或高等教育机构学生的利益。

(3)任何人,如果对注册总署署长根据本法案第43条第2款规定做出的决议存有异议,可在21天内按照本法案第128条规定的形式对拒绝或取消注册的决议提起上诉。

(4)根据本法案和高等教育机构章程的规定,首席执行官可对高等教育机构的教学、行政、日常管理、福利和纪律等事宜进行监督。

(5)除非本法案或任何相关条例有其他规定,否则,有关高等教育机构的任何申请应由首席执行官提出。

(6)注册总署署长需要下达给高等教育机构的所有通知、信息和其他通信,均应送至高等教育机构首席执行官处。

(7)任何人,如果是自愿或被迫关闭的高等教育机构:

①根据本法案第64条第1款规定的理事;

②高等教育机构的首席执行官;

③直接参与高等教育机构管理或业务的人员。

那么,不得在其他高等教育机构内担任同样的职位或承担同样的职责。

在学生纪律方面首席执行官的职责

44.(1)首席执行官应负责高等教育机构内学生的纪律和行为。

(2)为履行本法案第44条第1款规定的职责,首席执行官应遵从和执行注册总署署长随时下达的涉及高等教育机构内学生纪律和行为的任何指示。

注册总署署长关于首席执行官的权力

45.(1)如果首席执行官：

①在行使权力或履行职责时，采取或故意以不合理的方式行事；

②未能履行本法案第43条第4款规定的职责。

那么，注册总署署长在给予首席执行官陈述的机会后，可以：

①给予首席执行官书面指示；

②取消其作为首席执行官的注册。

(2)如果首席执行官对于注册总署署长根据本法案第45条第1款所做决议存有异议，那么，当事人可在21天内向部长提起上诉，部长的决议将是最终决议。

任命临时首席执行官

46.(1)如果在既定的时间内和由于既定的理由，高等教育机构尚未确定首席执行官，那么，注册总署署长可以任命任何人员暂代高等教育机构首席执行官一职，直到高等教育机构任命首席执行官为止，且时限不得超过3个月。

(2)如果高等教育机构未能根据本法案第46条第1款规定在3个月内任命首席执行官，那么，其首席执行官的注册将被取消。

禁止任何政治参与

47.(1)任何人，在作为高等教育机构学生期间不得：

①成为文莱国内外任何政党或工会的一员；

②成为文莱国内外任何违反国家宪法或在部长看来有违马来伊斯兰君主制哲学的组织、机构或团体的一员；

③成为学生团体或学生组织的一员，该团体或组织隶属于与文莱国内外任何政党、工会或其他组织、机构、团体或与之存有任何关联，而在部长看来它们有违马来伊斯兰君主制哲学。

(2)作为高等教育机构学生期间，任何人不得对本法案第47条第1款提及的任何政党、工会或其他组织、机构、团体的原因和目标表示支持或同情。

(3)任何人违反本法案第47条第1、第2款规定即属犯罪，一经定罪，将被处以不超过1 000美元的罚款。

本法案第47条的豁免

48.本法案第47条不适用于根据高等教育机构章程建立的任何学生机构、团体或组织。

注册总署署长直接中止或解散学生团体或组织的权力

49.(1)注册总署署长可责成高等教育机构首席执行官中止或解散学生团体或组织，如果有证据表明该学生团体或组织：

①行事危及：

A.文莱国家利益；

B.公共秩序；

C.学生的利益。

②违反任何成文法的规定。

(2)尽管本法案第49条第1款如此规定，但注册总署署长在给予学生团体或组织做出陈述的机会后，如果他仍认为根据本法案第49条第1款规定做出的中止或解散的决议是正当的，那么，他可下达相关指示。

首席执行官执行本法案第49条指示的职责

50.(1)首席执行官的职责包括：

①根据本法案第49条规定，在收到注册总署署长指示后，立即中止或解散学生团体或组织；

②在收到指示后3周内，告知注册总署署长指示的执行情况。

(2)如果首席执行官未能根据本法案第50条第1款规定履行职责，那么，其注册将被取消。

禁止教学

51. 在未获得根据本法案第105条颁发的注册证书，或正处于申请期间，或未获得根据本法案第108条第1款第1项颁发的教学许可时，任何人员不得在高等教育机构内任教。

关闭高等教育机构的权力

52.(1)如果部长有合理的理由坚信私立高等教育机构：

①未能履行其对学生的义务；

②即将中止运营；

③开展的活动危及文莱国家、公众秩序或学生的利益。

那么，部长可采取他认为必要的行动确保高等教育机构管理要求与本法案规定一致。

(2)如果部长根据本法案第52条第1款规定行事并发布指示，那么，高等教育机构应立即遵从上述指示。

(3)如果高等教育机构未能遵从根据本法案第52条第2款规定发布的指示，那么，部长可取消其注册。

部长发布指示的权力

53. 在不违反本法案规定的情况下，部长可向高等教育机构理事会、首席执行官或教师发布指示，相关理事会、首席执行官或教师应立即遵从相关指示。

部长制定高等教育机构相关条例的权力

54. 在获得苏丹批准后，部长可以制定高等教育机构的相关条例，用于监督、管理和控制高等教育机构教育标准,在不违反本条规定的情况下,可包括以下内容：

(1)高等教育机构的注册、建立和管理。

(2)高等教育机构首席执行官、其他官员、教师和雇员的任命以及明确相应的权力与责任。

(3)注册和取消注册高等教育机构的首席执行官和教师。

(4)高等教育机构的课程和培训项目。

(5)高等教育机构学生的评估、评价和考试。

(6)授予证书、文凭或学位。

(7)健康和安全。

(8)确定费用。

(9)提供设施。

(10)高等教育机构间进行联盟、附属和合作。

(11)学生的纪律与行为。

(12)学生社团。

(13)课外活动理事会、团体或委员会。

(14)关闭高等教育机构。

(15)考试。

(16)部长认为必要的其他事宜。

本法案第43条和第51条不适用的情况

55.本法案第43条和第51条不适用于由部长建立的高等教育机构。

第六章 私立教育机构

建立私立教育机构

56.(1)建立和运营私立教育机构需要获得部长的批准。

(2)有限公司或任何其他人员可根据本法案及相关条例规定建立和运营教育机构。

遵从国家课程

57.根据本法案第56条建立的私立教育机构应遵从国家课程。

马来伊斯兰君主制哲学作为中等后教学科目之一

58.所有中等后教育阶段的私立教育机构必须将马来伊斯兰君主制哲学作为其教学科目之一。

私立教育机构的类型

59.私立教育机构可分为以下几类：

(1)幼儿园和学前班。

(2)小学。

(3)中学。

(4)学院和其他提供中等后教育的教育机构。

(5)高等教育机构。

(6)补习中心。

建立私立教育机构的申请

60.(1)应向注册总署署长提出建立私立教育机构的申请。

(2)注册总署署长将：

①全面考虑申请；

②向部长提出建议,是否批准申请和增加他认为必要的任何条件。

(3)根据本法案第60条第2款的规定,部长可：

①拒绝申请；

②有条件或无条件地批准申请；

③基于正当理由随时撤销根据本法案第60条第3款第2项规定做出的批准。

拒绝建立私立教育机构

61. 部长可拒绝建立私立教育机构的申请,除非他认为：

(1)申请人有能力提供充足的教育设施。

(2)申请人有能力为机构运营提供充足而有效的管理和行政。

(3)采取充足的措施确保规定的教育标准。

(4)相关高等教育机构已经准备了适当的行政体系和治理文书,以供注册总署署长批准。

(5)申请人、合作者或理事均未因涉嫌欺诈、不诚实或不道德的罪行而被定罪,亦从未破产。

关于拒绝的通知

62.(1)如果部长拒绝建立私立教育机构,那么,注册总署署长应以书面形式通知申请人并详陈拒绝的理由。

(2)部长拒绝申请的决议将是最终决议。

缴纳费用

63. 建立私立教育机构的申请获得批准后,申请人应缴纳规定的费用。

成立有限公司

64.(1)如果根据本法案第60条规定,建立私立教育机构的申请获得批准,那么申请人必须根据《公司法》第三十九章规定建立有限公司,且应在备忘录和章程中注明该公司的主要目的是建立和管理高等教育机构。

(2)部长可规定公司的最低要求和其他相关事宜,这些要求和事宜应纳入公司的备忘录。

注册私立高等教育机构

65.(1)根据本法案规定,所有私立教育机构应在获准申请之日起的5年内进行注册。

(2)如果私立教育机构未在本法案第65条第1款规定的时间内完成注册,除非获得部长书面的延长许可,否则授予的批准将被视为撤销。

私立教育机构的治理文书

66.(1)根据本法案规定,所有私立教育机构均应拥有治理文书,私立教育机构应遵从治理文书的规定进行管理。

(2)所有治理文书将用于组建配有主席的理事会,用于理事会根据本法案及相关条例的规定管理教育。

(3)理事会章程可对部长提名加入理事会的人员做出规定。

(4)所有治理文书的制定、修改或撤销均应遵从相关条例的规定。

制定相关条例的权力

67.根据本法案第66条第2款规定,在获得苏丹的批准后,在不损害一般权利的情况下,部长可制定条例用于管理建立理事会和管理教育机构的方法,在条例中部长可规定任命负责管理教育机构的理事和其他人员的权力与职责。

部长任命或撤销额外理事的权力

68.(1)部长可以任命他认为合适的教育机构外的理事,如果他认为:

①教育机构出现了纪律问题;

②教育机构治理文书相关条款未能有效实施;

③本法案任何规定或相关条例未能有效实施。

(2)部长可以使用自由裁量权随时撤销根据本法案第68条第1款规定任命的相关人员。

(3)如果部长认为教育机构的理事会:

①未能根据本法案行使权力或履行义务,或未合理采取或拟采取行动;

②未能依法履行义务。

那么,部长可以:

①向理事会下达书面指示责成其行使权力与履行义务;

②暂停或解除理事会所有成员或部分成员的职务。

(4)如果教育机构在任何时候出现未能依法组建理事会的情况,部长可任命他认为合适的任何人员并根据其指示在组建理事会这段时间内代为行使职能。

(5)根据本法案,"理事会"指被选举或提名的一组用于组建理事会的人员,包括所有关涉教育机构理事会和其他被用于描述理事会的术语。

根据治理文书任命校长和教师

69.(1)私立教育机构所有教育人员均应根据该机构的治理文书进行任命。

(2)根据治理文书,私立教育机构理事会应任命相关人员担任机构的校长或负责人管理学校,并且其有权管理机构内的教师、雇员和学生。

本法案第64条适用于其他私立教育机构

70.(1)凡拟设立私立高等教育机构以外的私立教育机构,申请人在根据本法案第60条第3款获得批准后,可将该教育机构注册为有限公司。

(2)根据本法案第70条第1款注册成立的私立教育机构,应比照适用本法案第64条。

中止私立教育机构

71.(1)私立教育机构将被视为中止运营和授课,如果:

①部长根据本法案第60条第3款第3项规定撤销建立许可;

②注册总署署长根据本法案第86条第1款规定取消其注册;

③理事会达成一致意见,决议停止其运营;

④建立私立教育机构的有限公司被清盘:

A.理事会自愿的;

B.根据法院命令。

⑤私立教育机构因任何其他原因被强制关闭。

(2)如果私立教育机构拟根据本法案第71条第1款第3项或第4项A目规定停止运营,那么,它应至少提前1年将其决定告知注册总署署长。

(3)如果私立教育机构根据本法案第71条第1款第1、第2项或第4项B目规定停止运营,那么,它应在接到通知的21天内采取以下行动:

①将相关通知告知所有注册的在校学生;

②在文莱发行的2份报纸上公开发布相关通知。

(4)如果私立教育机构根据本法案第71条第1款第5项规定停止运营,那么学校的首席执行官应从注册总署署长那里获取发布停办通知方法的指示。

(5)如果私立教育机构未能遵从本法案第71条第2~4款的规定,那么,理事会所有成员即属犯罪,一经定罪,将被处以不超过100 000美元的罚款。

安排学生继续接受教育

72.如果私立教育机构停止运营,那么理事会应:

(1)根据本法案第72条第3款规定,做出必要的安排以不损害学生接受继续教育的兴趣、福利或意愿。

(2)告知注册总署署长根据本法案第72条第1款规定做出的安排。

(3)在安排实施之前,应获得注册总署署长的批准。

(4)在安排实施之后,应告知注册总署署长安排的完成情况。

部长在课程或培训项目方面的权力

73.(1)任何人员、组织或私立教育机构独立或通过联合、加盟、合作等形式与国内外任何机构共同提供的课程或培训项目,应先获得部长的书面批准。

(2)任何人如果违反了本法案第73条第1款规定即属犯罪,一经定罪,将被处以不超过30 000美元的罚款或不超过2年的监禁或两项并罚。

(3)部长根据本法案第73条第1款授予批准时可提出他认为必要的条件并责成缴纳规定的费用。

(4)任何人违反了本法案第73条第3款规定的条件或未缴纳规定的费用即属犯罪,一经定罪,将被处以不超过5 000美元的罚款或不超过6个月的监禁或两项并罚。

制定监督、管理和控制教育标准的权力

74.在获得苏丹的批准后,部长可以制定条例用于监督、管理和控制私立教育机构的教育标准。

第七章 教育机构、理事和学生的注册

所有教育机构均应注册

75.(1)根据本法案的其他规定,所有教育机构均应依法注册。

(2)应根据本法案第75条第1款规定按照规定形式向注册总署署长提出注册申请。

(3)在根据本法案第75条第1款规定注册教育机构时,注册总署署长可附加他认为必要的条件。

本法案第75条不适用的情况

76.本法案第75条不适用于部长建立的公立教育机构。

登记

77.注册总署署长可按规定的形式和方式保留或责成保留教育机构的登记。

临时注册证书

78.(1)在考量根据本法案第75条第2款规定所做申请期间,注册总署署长可使用自由裁量权,按照规定的条件和形式授予理事会主席或负责管理教育机构人员临时注册证书。

(2)注册总署署长可使用自由裁量权随时撤销根据本法案第78条第1款规定授予的临时注册证书,并应以书面形式通知当事人。

注册

79.(1)在不损害本法案第75条第3款、第78条和第80条规定的前提下,注册总

署署长根据教育机构做出的正当的注册申请,经过他认为必要的调查并在缴纳规定的费用后,可注册教育机构并向教育机构管理委员或负责管理的人员授予注册证书。

(2)理事会主席或任何其他负责管理教育机构的人员,可责成教育机构复印根据本法案第79条第1款授予的注册证书,并将复印件悬挂于教育机构醒目处。

注册的条件

80.(1)在注册前,注册总署署长可附加他认为必要的条件。

(2)注册总署署长可随时增加新的条件,修改或取消任何注册的条件。

变更教育机构的地址

81. 教育机构在未获得注册总署署长的书面批准前不得变更地址。

教育机构场所的改建

82. 根据任何其他成文法的规定,教育机构在未获得注册总署署长书面批准前不得改建教育机构的场所。

拒绝教育机构的注册

83. 注册总署署长可拒绝教育机构的注册,如果他认为发生了以下的任何情况:

(1)教育机构未达到规定的健康和安全标准。

(2)教育机构被用于或可能被用于危及文莱国家、公众或学生的利益。

(3)教育机构注册时所采用的名字不合适。

(4)拟开办教育机构的区域已经拥有足够的教育设施,不宜再建立教育机构。

(5)申请注册的材料中存在错误或误导性的陈述。

(6)申请注册教育机构的人员未能或拒绝遵从注册总署署长根据本法案第80条规定提出的任何条件。

(7)被任命为理事会主席、校长或首席执行官的人员,是不适合或不能尽责履职的人员。

(8)规定学生缴纳的费用不合理。

拒绝注册教育机构的通知

84.(1)当注册总署署长根据本法案第83条规定拒绝注册教育机构时,他可以书面形式通知申请人并阐明拒绝的理由。

(2)如果申请人对于注册总署署长根据本法案第84条第1款所做决议存有异议,当事人应在收到通知的21天内向部长提起上诉,部长的决定将是最终决议。

禁止发布广告等

85. 在注册或临时注册证书未颁发前,任何人不得通过广告、传单、小册子或其他形式宣传教育机构。

取消注册的理由

86.(1)注册总署署长可以随时撤销教育机构的注册,如果他基于以下理由认为这样做是适宜的:

①本法案第83条规定的情况确实发生;

②教育机构的纪律未能得到有效遵守;

③基于错误或误导性的陈述,对教育机构进行注册;

④理事会主席或任何其他负责管理教育机构的人员使用错误或误导性的陈述宣传教育机构;

⑤违反了注册总署署长根据本法案第75条第3款规定施加的任何条件;

⑥根据本法案或任何其他成文法确认教育机构存在犯罪情况;

⑦教育机构的用途与其章程和目标相冲突;

⑧该教育机构未任命理事会主席,或被任命的理事会主席、校长、首席执行官为不适当人选。

(2)根据本法案第86条第1款规定,注册总署署长可发布其取消教育机构注册的通知并说明理由。

(3)根据本法案第86条第2款规定的通知被送达时,理事会主席或负责教育机构的人员可在接到通知的21天内向部长提起上诉,部长的决议将是最终决议。

(4)根据本法案第86条第3款提起的任何上诉,注册总署署长可采取措施取消已经根据本法案第86条第2款规定发布的通知。

(5)在取消注册教育机构的21天内,理事会主席或负责管理教育机构的人员应将教育机构的注册证书和治理文书上交注册总署署长,注册和管理人员也应将依法获得的注册证书上交注册总署署长。

所有管理人员均应注册

87.(1)担任教育机构理事的所有人员均应由注册总署署长进行注册。

(2)作为理事的注册申请应按照规定形式提出。

理事的注册

88.(1)根据本法案第89条规定,注册总署署长根据申请和经过他认为必要的调查后,可以将相关人员注册为教育机构理事并按照规定形式向当事人颁发注册证书。

(2)注册总署署长可使用自由裁量权向申请注册为理事或暂代理事的人员按照规定形式颁发许可证,由当事人行使相应的职能,在许可证生效期间当事人应为被视为依法注册的理事。

(3)注册总署署长可随时撤销根据本法案第88条第2款规定发布的许可证,或者如果有人申请注册为理事,那么,获得许可证的当事人其注册随即失效。

拒绝注册为理事的理由

89. 注册总署署长可拒绝注册相关人员为教育机构理事,如果:
(1)当事人犯罪且被判处不低于1年的监禁或不少于2 000美元的罚款。
(2)除教育机构不复存在这个理由外,根据本法案或任何其他成文法的规定当事人已有的任何登记被撤销。
(3)当事人在注册申请中做出了错误或误导性陈述,或蓄意隐瞒重要事实。
(4)当事人年龄在25岁以下。

关于拒绝注册为理事的通知

90. 当注册总署署长根据本法案第89条规定拒绝注册相关人员担任教育机构理事时,他将以书面形式通知当事人并说明拒绝理由。

关于拒绝注册为理事的上诉

91. 任何人员,如果对注册总署署长做出的关于拒绝注册其为教育机构理事的决议存有异议,可根据本法案第90条规定在收到通知的21天内向部长提起上诉,部长的决议将是最终决议。

注册总署署长将理事从登记中清除的权力

92. 注册总署署长可以从登记中清除理事的记录:
(1)基于本法案第89条第1款阐明的理由。
(2)如果在注册总署署长看来该人员担任理事会危及文莱国家、公众或任何人员的利益。
(3)如果当事人在申请中使用任何错误或误导性陈述而获得注册。

通知被从登记中清除的理事

93. 如果根据本法案第92条或第94条第2款规定理事的登记被清除,那么,注册总署署长将立即以书面形式通知当事人这一决议并说明理由。

理事的退休

94. (1)如果教育机构理事退休或卸任,理事会主席或任何授权代为行使相应职能的人员,应在当事人退休或卸任的前21天内以书面形式报告注册总署署长。
(2)注册总署署长在收到根据本法案第94条第1款规定所做报告后,将立即清除当事人的登记。

关于清除登记的上诉

95. 根据本法案第92条规定被清除登记的理事,可在根据本法案第93条规定接到通知后的21天内向部长提起上诉,部长的决议将是最终决议。

上缴注册证书

96. 被清除登记的任何人员,应在根据本法案第93条规定接到通知后的21天内,或部长做出有利于注册总署署长的决定后,将根据本法案或任何其他成文法规定获得的注册证书上缴注册总署署长。

学生的注册

97. 教育机构的理事、校长或管理人员应按照规定形式保存或责成保存所有在校学生含有规定信息的登记。

第八章　教师的注册

教师应进行注册

98. 在教育机构承担教育教学职责的人员均应进行注册。

豁免

99. 本法案第98条规定不适用于：
(1)被公共服务委员会任命为教师的人员。
(2)在由部长直接管理组建的教育机构内担任实习教师的人员。

教师登记和注册总署署长清除教师登记的权力

100.(1)注册总署署长应按照规定的形式保存或责成保存含有规定信息的教师登记。

(2)如果根据本法案第106条第3款规定取消教师的注册,那么注册总署署长将清除教师的登记。

注册为教师的申请

101. 应按照规定的方式和形式向注册总署署长提出注册为教师的申请。

注册总署署长拒绝注册任何人员担任教师的权力

102. 注册总署署长可依法拒绝任何人员注册为教师,如果他认为该人员：
(1)年龄未满18岁。
(2)没有教学资格或在注册总署署长看来资格不足。
(3)在注册申请中做出了错误或误导性或与之相关的陈述,或是蓄意隐瞒重要的事实。
(4)患有身体或精神疾病,在注册总署署长看来不适宜担任教师。
(5)并非作为教师的恰当人选。
(6)未能遵从教师注册申请相关条例规定的流程进行申请。

拒绝注册任何人员作为教师的通知

103. 当注册总署署长根据本法案第102条规定拒绝注册任何人员作为教师时,将以书面形式通知当事人并说明理由。

关于拒绝注册任何人员作为教师的上诉

104. 如果任何人对注册总署署长拒绝注册其作为教师的决定存有异议,那么,他可以根据本法案第 103 条规定在接到通知后的 21 天内向部长提出上诉,部长的决议将是最终决议。

教师的注册

105.（1）根据本法案第 103 条和第 104 条的规定,注册总署署长根据注册申请,进行他认为必要的调查并要求当事人缴纳规定的费用后,可以同意申请人的注册并按照规定形式向当事人发放注册证书。

（2）当根据本法案第 105 条第 1 款规定进行注册时,注册总署署长可附加任何他认为适宜的条件,而且他也可以随时撤销或更改条件。

发布通知后撤销注册

106.（1）注册总署署长可向相关教师发布撤销其注册的通知并说明理由,如果注册总署署长认为：

①根据本法案第 102 条第 3～5 款规定,这样做是有利的；

②已注册教师违反或未能遵从本法案第 105 条第 2 款规定附加的任何条件；

③教师在注册申请中做出了任何错误或误导性的陈述；

④有理由坚信任何人员如果继续注册为教师将危及教育机构或学生的利益。

（2）根据本法案第 106 条第 1 款规定收到通知的教师,可在接到通知的 21 天内向部长提起上诉,部长的决议将是最终决议。

（3）如果在本法案第 106 条第 2 款规定时间内未提起上诉或上诉被部长驳回,那么,注册总署署长可以立即撤销注册并向当事人发布通知说明撤销理由。

部长有权建立关于教师注册方面的咨询机构

107. 在获得苏丹的批准后,部长可以建立咨询机构,用于协助注册总署署长选择合适的人员注册或继续注册为教师。

发放教学许可证

108.（1）注册总署署长可授予以下未注册人员教学许可证：

①私立教育机构的实习教师；

②注册教师申请正在处理期间的人员；

③需要暂代教师职责的人员。

（2）应按照规定方式和条件申请教学许可证。

（3）注册总署署长可以通过向证书持有人发布书面通知随时撤销其教学许可证。

上缴教师注册证书或教学许可证

109. 根据本法案第 105 条第 1 款授予的教师注册证书或根据本法案第 108 条规

定授予的教学许可证,应由持有人在 21 天内上缴注册总署署长,如果:

(1)证书被撤销。

(2)当事人连续超过 2 年未在教育机构内任教或已经去世。

(3)注册总署署长以书面形式要求修改、认可或更换证书。

(4)证书过期。

教师通知教育机构变更的义务

110. 所有已注册的教师应在相关教育机构开始或终止教学的 14 天内以书面形式通知注册总署署长其正在任教或停止任教的教育机构的名称,以及他开始或终止教学的时间。

第九章　教育机构的检查

注册总署署长检查或责成检查教育机构

111. 注册总署署长可随时检查或责成检查根据本法案注册的教育机构,以便确定该机构是否遵从了本法案及相关条例的规定。

注册总署署长在检查已注册教育机构方面的权力

112.(1)根据本法案第 111 条规定,注册总署署长可以:

①进入任何场所,检查书籍、文件、电子媒体材料或其他物品;

②搬走或扣留任何书籍、文件、电子媒体材料或其他物品,在他看来可能危及公众或学生的利益或者他认为这些可能作为犯罪的证据;

(2)注册总署署长依法对教育机构进行检查时,可要求该教育机构的理事会成员、雇员、校长、教师或学生,提供其所管理或负责出示的书籍、文件、电子媒体材料或其他关涉该教育机构管理、教学的物品。

检查未注册教育机构的场所

113. 如果注册总署署长、代表注册总署署长以书面形式授权的公职人员或职级不低于督学的警务人员,有理由确信任何住宅、建筑或场所在未依法注册的情况下被用作教育机构,那么,注册总署署长、公职人员或警务人员,连同他认为必要的人员可以:

(1)进入和检查相关的住宅、建筑或场所。

(2)没收或扣留其中在他看来可作为犯罪证据或由未依法注册教育机构所有或使用的任何书籍、文件、电子媒体材料及其他物品。

关闭未注册教育机构的权力

114.(1)如果注册总署署长、代表注册总署署长以书面形式授权的公职人员或职级不低于督学的警务人员,有理由确信任何住宅、建筑或其他场所在未依法注册的情况下被用作教育机构,那么,在不损害本法案第 111～113 条规定的情况下,注册总署署长、公职人员或警务人员,连同他认为必要的人员可以立即采取他认为必要且合法的手段关闭教育机构。

(2)根据本法案第114条第1款规定,采取对任何住宅、建筑或其他场所的任何行动,不得禁止任何人就未依法注册为教育机构的住宅、建筑或场所进行起诉,或将住宅、建筑或其他场所在未依法注册的情况下用作教育机构。

第十章 督 学

督学主任的职责

115. 督学主任应:

(1)与部长任命的部门合作,共同负责制定适当的教学标准且在教育机构内推行。

(2)定期检查或责成督学检查教育机构。

(3)履行部长指示或规定的关涉教育机构检查方面的其他职责。

主任的咨询权

116. 主任可以向理事、校长或其他管理人员提出建议,并向教师提出有关教学方面的建议。

关于主任发布指示的限制规定

117. 除了本法案相关条例授予的权力外,主任不得向理事和其他管理人员下达命令或指示。

主任的报告

118. (1)主任应根据本法案第115条规定向部长呈送关于被检查学校的报告,并且如果是督学完成的报告,他应附上其认为适当的评论。

(2)根据本法案第118条第1款规定呈送的报告应是机密文件。

督学的一般权利

119. 根据本法案第115条规定检查教育机构时,主任或督学可以:

(1)随时进入任何教育机构。

(2)要求教育机构理事会主席、成员、校长、教师、学生或其他人员:

①提供有关课程的课程表、大纲或记录,以及有关或在督学看来关涉教育机构教学和管理的任何书籍、材料、文件或其他物品等;

②向督学提供关于教育机构教学或组织方面的信息,提交相关信息应是主席、成员、校长、教师、学生或其他人员的责任。

主任可以授权区教育官员代为行使职权

120. 主任可以以书面形式根据本法案第7条规定授权区教育官员,依法代为行使权力或履行义务。

第十一章 财 政

部长的免责规定

121. 除了政府批准或提供的用于建立和运营公立教育机构的经费外,根据本法案部长对于建立和运营公立教育机构不承担任何责任。

私立教育机构需每年接收审计

122. 教育机构理事会应负责确保由理事会任命的具有资格的审计员对该私立教育机构的账目进行年度审计,审计报告的复印件应立即由理事会呈送注册总署署长。

第十二章 上 诉

经调查后部长应对上诉做出决议

123.(1)根据本法案针对注册总署署长决议向部长提起的上诉,部长可以:
①允许上诉;
②建立由他认为的合适人选组成的调查委员会,负责调查事实并向部长提交报告;
(2)在充分审议根据本法案第123条第1款规定提交的报告后,部长将允许或驳回上诉或发布他认为合适的其他命令。
(3)部长关于上诉的决议将是最终决议。

调查委员会的权力

124. 根据本法案第123条和相关条例的规定,调查委员会有权:
(1)获取和接收所有书面或口头证据,调查委员会认为必要的人员(包括上诉人)。
(2)获取任何人发誓或做出法定声明后所提供的证据。
(3)根据任何其他成文法的规定,传唤任何人(包括上诉人)并出示证据。
(4)承认任何书面或口头证据,尽管这些证据在民事或法律诉讼中是不被承认的。
(5)在上诉人缺席情况下接收的证据,如果调查委员会认为这样做符合公共利益。

在上诉人缺席情况下接收的证据

125. 如果是根据本法案第124条第5款规定在上诉人缺席情况下接收的证据,调查委员会应将实质证据传达给上诉人,以便符合公共利益,呈送给部长的报告中应阐明接收证据的情况。

律师不得出席调查委员会的调查

126. 尽管可能违反任何成文法的规定,在调查委员会开展调查的过程中律师不得出席。

到调查委员会提供证据

127.(1)按要求在调查委员会席前做证之人,无须披露已私下向公职人员提供与被调查事实有关信息的人的姓名或地址,亦无须陈述其认为可能导致该提供信息之人被发现的任何事宜。

(2)根据本法案第124条规定要求提供证据的人员,无须提供任何可能牵连自己的证据。

第十三章　条　例

部长制定条例的权力

128.(1)在不损害本法案任何其他规定赋予部长制定条例的权力的情况下,部长获得苏丹的批准后可制定条例用于本法案规定的生效或实施。

(2)根据本法案第128条第1款规定,部长可就以下事宜制定条例:

①教育机构招生、保存学生登记册、学生在教育机构或班级内的年龄限制和条件;

②教育机构的学期,学生开学的时间以及假期;

③建立和管理教育机构,以及理事或其他管理人员的职责;

④教育机构或理事注册登记记录或保存的形式,以及从中提取摘录的程序;

⑤依法提交注册申请或授予任何证书、许可证或其他文件,应遵从流程并收取适当的费用;

⑥修改依法授予的注册证书或许可证、更换丢失或污损的证书或许可证,应遵从规定的流程;

⑦教育机构和学生活动的纪律,在部长看来这可能对教育机构的纪律有所影响;

⑧国家课程,包括教育机构教学的课程和主题以及每门课程的学习时间表;

⑨建立、组织、管理、控制和解散在教育机构内外的学生社团、学生和教师社团、学生和家长社团,以及根据本条款制定的用于教学和学生社团招募除了相关教育机构教师或学生家长以外任何人的条例;

⑩教育机构使用的书籍、材料和设备,以及购买书籍、材料和设备的方法;

⑪禁止教育机构或任何班级使用不当的书籍或材料;

⑫禁止远程教育中心使用或向学生传授任何不当的材料、书籍、课程、说明、其他印刷或书面物品等;

⑬保存教育机构接收拨款的账簿或审计账簿;

⑭教育机构办学场所应遵循的标准(包括卫生标准与安全标准);

⑮教育机构学生注册、学生登记检查、依法获得授权人员提交的登记摘录,以及返还登记摘录;

⑯根据本法案第100条规定保存教师登记的形式,以及查阅核证副本的流程;

⑰认可或修改根据本法案第105条规定授予的教师注册证书,以及更换取丢失或污损证书、教学许可证应遵循的程序;

⑱撤销教师的注册证书或教学许可证应遵循的流程以及相关的后果;

⑲对于申请注册为教师、授予教学证书或许可证以及本法案第八章提及的任何其他事宜,均应收取适当的费用;

⑳技术与职业教育;

㉑根据本法案第123条第1款第2项规定组建的调查委员会开展调查应遵循的流程;

㉒针对注册总署署长的决议向部长提起上诉的方式以及应该支付的费用;

㉓建立、组织、管理、控制和解散任何教育机构内和区或国家一级教育机构间的体育理事会、团体或委员会;

㉔根据本法案在部长建立和管理的教育机构内实施进修教育的规定;

㉕教育机构内外学生的转学以及任何多媒体材料、杂志、手册、印刷品或书面材料等的流通事宜;

㉖确定教育机构统一的入学收费、缴费或减免学费的标准;

㉗根据本法案转移和授予财产的方式,以及登记财产所有权的方式;

㉘本法案规定的任何事项可收取适当的费用;

㉙实施本法案规定或完成关涉本法案要求的任何事宜需要使用的表格应由部长做出规定;

㉚部长认为对执行本法案任何规定有利或必要的任何其他事宜。

第十四章　犯罪与处罚

关于教育机构注册的犯罪与处罚

129.(1)教育机构理事会主席、成员或其他管理人员在推广教育机构时使用了错误或误导性的陈述即属犯罪,一经定罪,将被处以不超过5 000美元的罚款或不超过5年的监禁或两项并罚。

(2)任何人:

①教育机构依法提出注册申请或提出作为理事注册申请时,做出了明知错误或虚假的任何陈述,或故意隐瞒事实,或提供任何误导性的信息;

②阻止或妨碍注册总署署长、公职人员或警务人员行使第112~114条赋予的权力;

③违反本法案第112条第2款规定,拒绝提供任何书籍、文件、电子媒体材料或其他物品或拒绝提供任何信息,或者提供的信息明知是虚假或错误的;

④理事应根据本法案第87条规定进行注册,未经注册却履行相应职责;

⑤教育机构理事或管理人员,责成或允许任何人在未依法注册的情况下履行理事或管理人员的职责;

⑥担任未依法注册的教育机构的理事；

⑦教育机构理事会主席、成员或管理人员，未能阻止教育机构被用于开展非法活动，或被非法组织、团体或其他机构利用开展任何活动；

如果出现以上情况即属犯罪，一经定罪，将被处以不超过30 000美元的罚款或不超过2年的监禁或两项并罚。

关于教师注册的犯罪与处罚

130.(1)任何人在提供教师注册申请或其他诱导注册总署署长行使或避免行使本法案赋予的任何权力时，做出了他明知是虚假或错误的陈述，或故意隐瞒重要的事实，或提供了误导性的信息，那么，该人员即属犯罪，一经定罪，将被处以不超过10 000美元的罚款、不超过1年的监禁或两项并罚。

(2)任何人：

①在未注册的情况下在教育机构内行使教师职责，违反本法案第98条规定；

②责成、允许或雇佣任何未根据本法案第98条规定进行注册的人员担任教师；

③在未注册的教育机构内担任教师；

④作为已注册教师，在教育机构任教过程中违反了本法案第105条第2款规定附加的任何条件，或根据本法案第108条规定获得教学许可证的人员在教育机构任教过程中违反了发放许可证时附加的条件；

⑤责成、允许或雇佣已注册教师在教育机构内任教过程中违反了本法案第105条第2款规定附加的任何条件，或者责成、允许或雇佣根据本法案第108条规定获得教学许可证的人员，其在教学过程中违反了发放许可证时附加的条件；

⑥未能根据本法案第109条规定上缴证书或许可证；

⑦作为已注册教师，未能根据本法案第110条规定向注册总署署长做出报告；

出现以上情况即属犯罪，如果违反了本法案第130第2款第2和第5项的规定将被处以不超过10 000美元的罚款，如果违反了本法案第130条第2款第1、3、4、6、7项规定将被处以不超过5 000美元的罚款。

关于督学的犯罪与处罚

131.任何人：

①阻止或妨碍主任或督学行使本法案第115条规定赋予的任何权力；

②违反本法案第119条第2款规定，拒绝提供任何课程表、教学大纲、记录、书籍、材料、文件、其他物品或信息；

③根据本法案第119条第2款规定，提供的任何信息是虚假的或者明知是虚假或错误的。

如果出现以上情况即属犯罪，一经定罪，将被处以不超过30 000美元的罚款或不超过2年的监禁或两项并罚。

一般性处罚

132.(1)任何犯罪人员,如果未能按照规定接受处罚,一经定罪,将被处以不超过5 000美元的罚款或不超过6个月的监禁或两项并罚。

(2)任何犯罪人员已被定罪,如果出现连续犯罪的情况,除原有处罚外,在连续犯罪期间还将被处以每天不超过500美元的罚款。

调查的权力

133.(1)注册总署署长、注册总署署长以书面形式授权的公职人员或职级不低于督学的警务人员,有权对违反本法案或相关条例的犯罪行为展开调查。

(2)注册总署署长、注册总署署长以书面形式授权的公职人员或职级不低于督学的警务人员在调查违法犯罪行为的过程中,享有《刑法》第七章赋予警务人员在警方调查中的所有权力。注册总署署长和注册总署署长以书面形式授权的公职人员没有逮捕权。

无须证明进入的权力

134.在不损害本法案第133条规定的情况下,如果注册总署署长、注册总署署长以书面形式授权的公职人员或职级不低于督学的公职人员,有合理理由相信对办学场所开展的搜查可能由于根据《刑法》第七章规定导致搜查证的获取被延误,那么,他们可以在未获得搜查证的情况下强行进入相关场所。

和解的权力

135.(1)如果注册总署署长认为合适,在获得诉讼人的批准后,他可以通过与被定罪且接受处罚的人员签订书面协议达成和解,当事人应在协议规定时间内缴纳规定金额的和解金,和解金的总额不得超过最高罚款额的50%。

(2)虽然根据本法案第135条第1款规定在定罪之后、起诉之前签订了书面协议,但如果当事人未能在协议规定时间内缴纳和解金,或超过规定时限,那么,当事人将随时被提起诉讼。

(3)如果根据本法案第135条第1款规定达成和解,那么:

①不应再向达成和解的当事人提起诉讼;

②关涉犯罪而被没收的任何商品、用品或其他物品应立即返还当事人。

第十五章 通 则

授权

136.在不损害部长自己行使权力的情况下,部长可将其全部或部分权力转授给任何个人或团体。

官员被视为公务员

137. 根据本法案第二章规定被任命或依法行使权力的人员依据《刑法》应被视为公务员。

关于办公场所的规定

138.(1)教育机构理事或任何其他管理人员应确保教育机构达到规定的标准。

(2)如果部长认为教育机构办公场所的性质、已有建筑或其他特殊的影响环境使得达到本法案第138条第1款规定不尽合理,那么,部长可以指示教育机构遵从替代性的标准或要求,这些要求应在指示中明确规定。

特别委员会

139. 尽管本法案有其他规定,但部长可以建立特别委员会,该委员会由部长任命的以下机构或领域的人员组成：

(1)任何特殊的教育机构或类似的教育机构。

(2)教育事宜或项目。

特别委员会为部长在相关事宜上提供建议,部长使用他的自由裁量权将根据本法案第124条规定赋予调查委员会的所有或部分权力授予特别委员会。

发放通知等

140. 任何通知、命令或通信需要：

(1)按照教育机构注册的地址通过邮寄信件或在教育机构办公场所醒目处粘贴通知、命令或信息等方式送达依法注册的理事会主席、成员或管理人员。

(2)按照其在申请表中留有的地址通过邮寄信件送达申请注册教育机构或申请注册为教师或理事的任何人员。

(3)根据本法案第110条当事人呈报给注册总署署长的最新的地址或其所在教育机构送达已注册教师。

(4)通过邮寄信件至根据本法案第108条第1款规定教学许可证持有者获得许可证所在的学校送达其本人。

(5)除本条1~4款规定以外的任何人员,可通过邮寄信件至其最后知悉的住所送达。

第十六章　过渡性条款

关于特定豁免教育机构等的保留条款

141. 自部长通过政府公报发布通知之日起,所有免受本法案第3条规定限制的教育机构同样也免受本法案相关规定的规限。

关于已注册学校、理事或管理人员的保留条款

142. 根据本法案规定注册或被视为已经注册的任何学校、理事或管理人员,应在本法案施行的 6 个月内依法注册。

文莱教育部战略规划(2012—2017)

第一章 概 述

一、背景

文莱人口少,国家的发展与稳定严重依赖不可再生资源。因此,教育通过为国家培养人力资源来推动经济的多样化。经济多样化的需求,促使教育部改革与重组必需的教育政策、结构、课程、评估与资格以及专业发展,以为实现预期人力资源的资本化铺平道路。这将推动教育领域的变革,以便通过贯彻落实"文莱2035年愿景"中相关教育战略所列8大政策指示,确保教育保持高效发展,支持国家实现"文莱2035年愿景"。

二、文莱2035年愿景

"文莱2035年愿景"致力于到2035年将文莱发展成一个在以下方面获得广泛认可的国家:这个国家根据最高的国际标准来判别,其人民受到了良好的教育并具备较高的技能;生活品质居于全世界最好的10个国家之内;经济富有活力并可持续发展,且人均收入步入世界前列。

为了达成上述目标,要实施8大战略来推动各方面有序发展与有效实施:

1. 教育战略;
2. 经济战略;
3. 安全战略;
4. 机构发展战略;
5. 本土商业发展战略;
6. 基础设施建设战略;
7. 社会保障战略;
8. 环境战略。

教育战略致力于帮助青少年在竞争日益激烈且以知识为基础的世界中具有竞争力。教育战略的8个政策指示如下:

1. 投资幼儿教育;
2. 采用国际最好的教学实践;
3. 拥有一流的中等和高等教育,包括职业学校,培养工商业所需的专家、专业人员和技术人员;

4.强化学生、教师和教育管理人员的信息通信技术能力,包括教学与信息通信技术整合的能力;

5.开发项目,用于促进终身学习和高等教育扩招;

6.促进公立机构、私立机构和国际合作开展研究、发展和创新;

7.通过运用技术,采用符合成本收益的方法教育人民;

8.改善所有教育机构的管理。

第二章 背景、愿景、使命与核心价值观

一、背景

《文莱教育部战略规划(2012—2017)》表明了为实现"文莱2035年愿景"教育部需承载的使命。

二、愿景:通过优质教育实现国家的发展、和平与繁荣

教育部深知,教育与经济表现,参与全球经济和通过高质量教育发展知识化的社会之间的关系。优质教育致力于以正确的价值观和适当的技能来发展儿童的道德、智力、身体、社会、审美能力,使之成为负责任且具有活力的公民,以便他们能够为国家的发展做出积极的贡献。

教育部有责任提供一个教育体系,帮助青少年为承担未来的成人角色做准备,使之成为有创造能力、有思考能力的公民,以便他们可以为家庭、社区和社会做出贡献。教育部承认,全球化伴随着国家、区域和文化问题对个体和群体认同影响的敏感性日益增强,对教育体系提出了新的要求,并挑战着有关教育的目的与职能的判定。

教育质量问题必须关注这些发展。由此,教育成为国家繁荣富强的基石,而只有在这样的国家内,基于和平、平等和民主实践的社会才能得以构建。

教育部有责任发展和提供优质教育,面向现在和未来几代文莱公民的优质教育应具有以下特征:

1.将社会中的个体塑造成均衡且全面的人;

2.发展学生的个人品质(精神、心理、身体、审美、价值观、领导力、创业精神、斗志);

3.培养具有团队合作精神、富有同情心、具有良好沟通能力、负责任的公民;

4.提供达到国际标准的教育体系,它注重培养有价值且适销对路的技能,并鼓励终身学习,这将有助于社会和谐、政治稳定;

5.为知识经济奠定基础;

6.提高学生的学习成绩,达到国际标准。

优质教育将为文莱发展成为发达、和平、繁荣的国家奠定坚实的基础,这样的国家具有以下特征:

1.以知识为基础的经济;

2.安全得到保障；

3.政治稳定；

4.卓越的公共服务；

5.卓越的人力资源；

6.社会文化、经济、政治环境间相互平衡；

7.合理的健康标准；

8.优质的可持续发展的环境；

9.参与全球经济竞争的能力，同时又保留强有力的宗教信仰、社会价值和国家认同感。

10.企业蓬勃发展，经济充满活力。

三、使命：提供全人教育以挖掘所有人的最大潜能

作为一个专业而有活力的组织，教育部将提供具有国际标准的整体教育系统，制订切实可行的教育计划，教授相关和均衡的教育课程，充分发挥学生的潜能。教育部致力于培养精神强大、身心健康的学生，帮助他们树立起崇高的社会、道德、审美和文化价值观，以及掌握出色的认知技能。同时，教育部也致力于拓展杰出领域，并为这些领域创造大量机会。

四、核心价值观

教育战略的成功与教育部各级职能操作层面所有人员的价值取向息息相关。支撑这一取向的核心价值观主要有：

1.绩效责任；

2.团结；

3.领导能力；

4.诚实；

5.尊重；

6.团队合作。

第三章 过去、现在与未来的方向：变革的基础

在过去的五年中，教育部已实施了《2007—2011战略书》制定的目标和举措。2009年，国家教育体系SPN21的引入是国家教育体系发展的转折点。SPN21力图进行三项重大改革：

1.教育体系的结构；

2.更为均衡且强调学习性评价的课程；

3.改革技术教育以适应21世纪的需要。

相应地，基于不断变化的基础，各项举措已开始实施，以推动SPN21的继续发展与成功。这些举措包括：

一、课例研究

课例研究发源于日本，目前被全球许多国家采用。课例研究是一种教师专业发展模式，教师群体基于选定的主题共同合作并连续地准备、实施、监测以及报告学习的成果。

目前，许多中小学校已经开始实施课例研究，并期望可以扩展到全国的其他小学。政府将不断鼓励学校和教师开展课例研究，以提高教学质量并支持文莱教师的专业发展。

二、面向小学的扫盲计划

经过一系列的磋商，2009年文莱引入面向小学的有关马来语和英语的扫盲计划，这主要是作为在所有公立小学内实施系统的扫盲计划的一种尝试。这个计划聚焦于四项语言应用能力——听、说、读、写，其主要内容在学前教育阶段已经开始系统教授。

三、基于探究的科学教育

基于探究的科学教育是一种教学工具，学生借此可以置身于充满好奇的教学和学习环境之中。这种方法源自法国，它关注通过活动引入研究性教学方法，包括实验科学研究。这种方法给予学生讨论的机会，这在另一方面又锻炼了学生的语言能力。基于探究的科学教育，其主要目的是培养学生的好奇心、激发创造力和批判思维能力。

四、算数计划

这一举措始于2010年实施的两个著名的计划——"课堂中的活动数学"和"在职培训中基本算术项目"。这两个计划主要向教师提供专业发展课程，帮助他们发展在学校数学教学中必需的数学技能。

五、学习的校本评价

学习的校本评价是对学习工具的评估，主要关注获取有关学生个体在SPN21强调的四个主要领域——理解、技能、价值观和态度——发展和表现情况的反馈，并将通过教师、同辈群体和自我评价收集有关学生优缺点的反馈，学生和教师可以将之用于：

1. 确认需要完善和扩展的区域以提高学习效果；
2. 影响积极的教学变革。

目前文莱学校内实施的"文莱共同评价"是正式的、标准的且较为温和的评价，也是教师和学生均较为熟悉的对于学习最佳实践的评价。随着时间的推移，期望教师可以制订学习评估计划，以更好地适应学生不同的能力和需要。由课程开发部领衔的工作委员会负责监督学校内的评价工作。

六、爱德思BTEC课程

该课程于2011年1月引入并实施，其主要目标是为对实践和具体学习较为感兴趣的学生提供机会。

七、强化专业

为了提高教学的效率,应向教师和官员提供国内外的培训和指导。2008年,文莱引入教师服务计划,主要目标是扩展教师的能力,而学校领导力计划则关注扩展学习领导者的能力,以便实现超越和高效。

根据新的教师服务计划,高水平教师将获得更多的晋升机会,同时,也可以继续在学校中工作。而学校领导力计划于2010年3月开始推行,自那时起共有186所公立阿拉伯语学校和私立学校实施该计划。学校领导力计划关注于改进的机制——学校领导者如何在学校中创造条件或者在现有环境下进行转型以支持面向所有学生的优质教学。

八、其他举措

教育部也致力于通过学校建筑和基础设施改善项目以及建筑维护来强化服务质量。

为了实现教育卓越发展,教育部也非常重视加强社区与行业间的密切合作,通过双边关系建立国际教育联系,参与重要的组织,诸如东南亚教育部部长组织、联合国教科文组织、伊斯兰教科文组织等,实施整个学校的阅读计划,并强化来自科学、技术与环境合作中心的支持。

目前,其他的举措也在抓紧推进。例如,制订实施幼儿保育与教育计划,引进模范学校,设立文莱教师标准以及引进有关学生住宿的综合模式。

第四章 《文莱教育部战略规划(2012—2017)》蓝图

《文莱教育部战略规划(2012—2017)》的发展,证实了教育部持续且不可动摇地为国家提供优质教育的举措。该规划的形成经过教育部一系列的研讨和磋商。战略规划过去五年的成就已被评估,用于确定该规划与文莱2035年愿景切合的程度。

《文莱教育部战略规划(2012—2017)》为教育部未来五年的发展确定了方向。为确保有效实施,每个公民都至关重要。教育部明确了战略重点领域、战略目标和关键绩效指标。

一、战略重点领域

教育部确认的三个战略重点领域是:

1. 卓越的教学成就;
2. 专业与问责;
3. 效率与创新。

这些是教育部下属系、部门、单位需要关注的核心领域,以便达到共同的目标。三个目标密切相连,不可分割。

(一)领域1:卓越的教学成就

这个领域的范围是广泛的,涵盖教育框架内的所有领域。这个框架包括以下领域及其组成部分:"管理与组织"领域,包括"学校管理"和"专业领导";"教学"领域,包括

"课程与评价"和"学生学习与教学";"学生支持与校园风气"领域,包括"学生支持"和"合作";"学生表现"领域,包括"态度和行为"和"参与和成就"。

1. 明确规划的成果

我们将在九个学习领域传递21世纪所需技能。学习者将发展知识、技能、态度和价值观,以确保自身在学术和非学术领域取得最佳成绩。

(1)制定明确的教育框架支持教育政策;

(2)提供绩效评估的证据,用于通过校本评价关注学生发展;

(3)建立全面的信息通信技术框架,提高效率,优化行政管理工作;

(4)不断以其他国家最好的实践为基准。

2. 风险与挑战

(1)拥有有能力达到文莱教师标准的优质教师;

(2)在学校教育阶段取得学习成果;

(3)通过持续的评价与干预,快速确认并应对学习者的需要;

(4)规范而系统的监测机制,确保达到教育的过程标准。

3. 负责人

副常务秘书(核心教育)

(二)领域2:专业与问责

这个战略重点领域包括采用教育部的最佳实践方案,实施政策的学校和高等教育机构制定标准并负责所有学习成果。

1. 明确规划的成果

继续支持对规划举措实施的有效治理,这对于相关利益者是公开且负责任的。

(1)设计和实施关键绩效指标,用于发展面向教育部和学校的绩效责任框架;

(2)制定战略通过以下内容促进学校领导达到文莱教师标准:

①学术质量问责制;

②教师的技能证书;

③持续的专业发展。

2. 选择的活动

(1)遵守规范框架并实践有效治理;

(2)通过发展教学、辅导和指导来进行能力建设,并利用学习环境提高学生成绩;

(3)鼓励员工不断获得权利。

3. 风险与挑战

(1)实施中的执行能力;

(2)遵守的持续性。

4.负责人

常务秘书(核心教育)

(三)领域3:效率与创新

教育部将不断了解相关利益者的需要和期望,制定政策,简化流程,监测和评价核心业务过程,即核心教育过程和高等教育过程。

1.明确规划的成果

确保教师和学校采用创新与经济有效的方法向学生传递教育产出和成果的服务是可靠的。

2.选择的活动

(1)传达国家和教育部的教育政策和目标;

(2)规划并提供资源;

(3)采取创新举措;

(4)实施重大项目,包括 SPN21 等;

(5)通过使用"测量框架"的概念监测和评价成果。

3.风险与挑战

(1)配备称职人员,得到框架支持;

(2)达到行动规划规定的时限;

(3)教育部所有的参与人员拥有共同的愿景。

4.负责人

副常务秘书(高等教育)

二、战略目标和关键绩效指标

教育部的战略目标包含以下四个方面:

(一)财政方面

优化资金与成本。

(1)目标描述声明:本目标致力于实现资本管理最大化。它涉及教育部所需资源的明确规划、有效分配与监督。

(2)执行人:管理与服务主任。

(3)关键绩效指标1:利用预算的百分比。

测量目的:财务管理、战略规划和管理资源(达到法律和规章要求)。

(4)关键绩效指标2:变化情况的百分比(实际完成情况与计划相比较)。

测量目的:财务管理、战略规划和管理资源(达到法律和规章要求)。

(二)顾客/相关利益者方面

1. 高成就

(1)目标描述声明:教育部的框架包括四个领域,即"管理与组织""教学""学生支持与校园风气""学生表现"。为实现这一目标,需要每个领域的支持和重视。

学校绩效指标是用于测量每所学校的成就水平的一套重要工具,以便支持学校发展与绩效责任框架的实施。

(2)相关课程的战略实施与监测:

①学校领导应较好地掌握评价的方法,用于提高入学率;

②支持由学校工作人员对学校的重要任务进行整体评价(任务、项目、测验、参与讨论,其他以提高学习成果来评价效果的事宜);

③适当的干预与补救项目。

(3)执行人:考试署主任。

(4)关键绩效指标:公开考试取得的进步。

测量目的:公开考试提高的百分比,测量学生的成绩。

2. 全面且符合价值观的个人

(1)目标描述声明:通过批判性地评价教育体系,衡量学生态度和行为的发展:

①学生的自我认知有多好?

②学生的学习态度有多好?

③学生的道德行为怎么样?他们有关社会和谐、公民责任和国家认同的价值观有多正确?

④学生掌握了自我管理的技能,诸如养成了健康的生活方式、培养了情感平衡和处理压力的能力吗?

⑤学生的人际关系、社会和领导力发展技能有多好?

⑥学生的行为和自律情况有多好?

(2)执行人:合作课程教育主任。

(3)关键绩效指标:学生行为指数评级(学生行为评价)。

测量目的:学生行为指数评级(通过一组测量,形成总指标),测量通过学校评价(同学评价和自我评价)学生的百分比。

①行为发展的分数——"学生自我概念评价";

②参加统一的活动;

③身体发展指标;

④每个学生参加一个游戏;

⑤信息通信技术能力。

3. 适应市场需求且具有创业精神的个人

(1)目标描述声明:监控商业环境和相关机构,以便学生的技能可以适应工业需求。为实现这一目标,我们需要扩大课程领域范围以满足相关利益者的期望,即学生的兴趣和能力可以与21世纪经济发展的需要与挑战相匹配。

(2)执行人:高等教育部主管和技术教育主任。

(3)关键绩效指标:毕业后6个月内被雇佣人数的百分比。

测量目的:毕业后6个月内被雇佣人数的百分比,主要测量在市场中被预期雇主聘用的毕业生的百分比。我们坚信,缩短在工业领域谋取职位的时间将证明课程适应市场与促进就业之间具有较强的相关性。

(三)内部过程方面

1. 发展在学校体系内有效的幼儿保育和教育框架

(1)目标描述声明:向教师提供正规指导,以便学生取得优秀的学习成绩、教师发挥教学水平(通过培训、监测、监督和辅导系统),家长和社区能够积极参与其中,从而确保专业和问责的发展。

提高幼儿保育与教育的教学质量,使教师的教学水平达到国际公认的标准。

(2)执行人:幼儿保育与教育主管。

(3)关键绩效指标:在四个关键领域的学习曲线上儿童进步的百分比。

测量目的:儿童在学习曲线或发展剖面图上进步的百分比,测量儿童在四个关键领域(社会与情感技能、运动技能、互动技能、生活技能)的学习成效。百分比的增大意味着儿童学习准备状态的提升。

2. 鼓励不断改进所有的工作流程

(1)目标描述声明:力图满足学生和其他相关利益者的期望。它涉及不断地研究现行的核心流程、程序、现行课程和后勤工作。相关的活动诸如:

①重新设计流程,以便简化教学方法、基本结构,保证教学内容和质量,重新审查教师资格以及改变课程;

②提供人性化的服务:程序、流程手续简单,提供服务标准化。

(2)执行人:管理与服务主任。

(3)关键绩效指标:每年项目工作组完成项目的百分比。

测量目的:推动完成活动或项目的百分比,用于测量对于工作流程的持续改进,以提高行政效率。

①重新设计工作流程,缩短项目的交付周期,并由教育部监测项目;

②确保并缩短完成重大项目的时间,以满足相关利益者的需求。

3. 强化教学过程

(1)目标描述声明:力图为发展培训项目和专业发展认证制定明确的政策。这一目标有助于提高教师的能力,以提升干预、交付、评价学生学习成果的质量。

将根据能力领域建构核心教学价值观和能力档案,并将推动建立一个连贯的教师教育课程以及引入一系列新的学历资格框架。

中小学的校本培训,由教师培训中心和教育学院提供支持。在职监测和学校领导项目对于推进问责制、提高专业认可和促进专业发展日渐重要。

(2)执行人:学校主管。

(3)关键绩效指标1:学生预期学习成果比率提高的百分比。

测量目的:学生预期学习成果比率提高的百分比,测量学生在关键学习领域连续进步评估分数的百分比。高分数将有助于实现教学与研究卓越的战略。

(4)关键绩效指标2:教师教学能力提高的百分比。

测量目的:教师教学能力提高的百分比,测量教师的教学质量,即问责能力、专业认可与专业发展能力。

4. 遵从规章要求(机构内部控制提高透明度)

(1)目标描述声明:力图通过以下行动形成明确且较好界定的标准:

①采用最佳实践;

②评价和报告关键质量问题——资格框架;

③与服务用户沟通,剔除违规要素。

这一目标致力于满足教育政策中标准、程序、指南、规章和最佳实践的需求。它涉及制定明确的政策,将政策转化为明确的程序,与用户沟通政策,以及监督和监测政策的实施,收集和编写执行报告,采取补救措施。

(2)执行人:学校督查主任。

(3)关键绩效指标:违规的百分比。

测量目的:作为一种审计,违规的百分比用于测量对于由监管机构确立的标准、政策和程序的遵守情况。

5. 提供学校基础设施并确保予以最佳使用

(1)目标描述声明:学生数量的增长将需要增加学校、教室和其他设施(科学实验室、信息与通信技术实验室、图书馆、体育设施以及用于特殊需要的设施等)的数量,以便为学生提供良好的学习环境。

这一目标将有助于评价基础设施使用水平,以及教育机构在何种程度上享受基础设施带来的最大裨益。根据将学校建得贴近社区这一理念,还需要考虑学校周边交通是否便利的问题。

(2)执行人:规划与物业管理主任。

(3)关键绩效指标:设施使用的百分比。

测量目的:设施使用的百分比,测量学校设施的使用率。国际最佳实践显示,如果使用率是最佳的,那么,全面且以价值观驱动的学生的学习成果将得到提高。因此,我们坚信,提高使用率将有助于学生获得更好的学习成果。

6. 在开发适应学生和相关利益者需要的必修课程和教学时提高质量

(1)目标描述声明:为不断了解需求,设计和开发面向各级学生的必需的课程、教材、学习材料和教学方法。它也与用户合作评价教学过程中的课程实施情况和以国际最佳实践和学习成果为基础不断改进的机制。这包括:

①优先发展所有核心科目以适应学生的兴趣和提高学生的能力;

②评估课程与工商业需要的相关性;

③符合质量框架;

④落实学习成果。

(2)执行人:课程开发主任。

(3)关键绩效指标1:雇主关于课程是否适应工业需要的反馈评级。

测量目的:雇主的满意度,测量商业伙伴对于技能组合适应性的评级。

(4)关键绩效指标2:实现预期学习成果学生达到预定标准的百分比。

测量目的:实现预期学习成果学生达到预定标准的百分比,用于测量根据观察和评价在预定课程标准上的学习差距。观察和评价各段学习者进步的情况,将有助于课程实施、监测和确定基准,可以识别并调整学习差距。

7. 培育创新文化

(1)目标描述声明:在人力资本发展方面保持持续的竞争优势,要求教育机构和教育部的运营机构通过发展新的概念与设计来打破陈规,以满足工商业的需要和期望。这也包括管理研究与发展过程,它涉及:

①识别新产品和服务的机会;

②概念的生成与选择;

③方法论的发展与评价;

④知识的配置。

(2)执行人:高等教育部门主管。

(3)关键绩效指标1:研究和发展指标评级。

测量目的:指标评级测量一组测量的加权分数(生成研究概念的数量,在分层期刊中发表论文的数量,每个学年每位员工研究项目的数量,有关教学项目的数量)。

(4)关键绩效指标2:每年每位员工提出的意见数量。

测量目的:每年每位员工提出的意见数量,主要测量有助于改善工作领域建议的比率。我们坚信,员工意见数量的增长将有助于鼓励创新思维,以实现我们成为高效且创新的组织这一目标。

(四)学习和成长方面

1. 为能力发展构建技能组合

(1)目标描述声明:通过发展教师和教育部员工的技能组合,促进其持续的专业发展。这些技能组合将转化为明确的持续专业发展框架,用于识别教师和员工的能力水平。

对于教师来说,该框架将识别其技能水平以及能力差距。这将促进教师发展自身必需的能力,以便缩小教学差距。

(2)执行人:人力资源发展部门主任。

(3)关键绩效指标:教师达到必需能力水平的百分比。

测量目的:必需能力水平测量教师技能组合的现有水平与必需水平之间的能力差距。缩小能力差距将有助于推动教学策略的实行。

2. 培养绩效心态(加强领导、沟通与团队协作)

(1)目标描述声明:推动单位内部及单位之间建立沟通体系,并为实施举措承担更大的绩效责任。这需要改变工作文化——通过植入价值观(例如,跨部门团队共享信息,更多地倾听与回应)来塑造组织,以促进专业发展和提高绩效责任。

推动跨部门合作改善工作文化,有助于提高员工的专业精神和绩效责任。

(2)执行人:规划发展与研究部门主任。

(3)关键绩效指标:雇员满意度指数。

测量目的:雇员满意度指数由参考员工满意度整体指标的综合指标构成。它主要测量有关投诉、福利、旷工和员工对于领导看法调查结果等指标。提高员工满意度有助于实现成为高效且创新的组织这一战略。

3. 通过使用技术实现价值最大化(信息资本)

(1)目标描述声明:确保信息通信技术在所有工作流程中得到充分利用,包括课程开发、教学以及行政管理流程。在学校层面,应采取以下行动:

①按时设计、启动、开发规划的项目;

②在线评价课程、作业和考试成绩;

③跟踪和监控教师有关学习成果的行政活动。

(2)执行人:信息与通信技术主任。

(3)关键绩效指标:课程中使用信息与通信技术的百分比。

测量目的:课程中使用信息与通信技术的百分比测量教师和学生对于教案、作业和进度报告评价的有效性。我们坚信,在课程准备和传授过程中更多地使用信息与通信技术对于开展教学是有益的。

第五章 《文莱教育部战略规划(2012—2017)》的实施

教育部所辖的所有系、部门、单位和教育机构将在教育部确定的战略重点领域嵌入综合计分卡,作为监测和报告的工具。每个月,教育部所辖的每个系、部门、单位和教育机构需要公布其积分卡报告,分析绩效差距,拟订解决方案。

高层领导团队每个季度将召开战略审查会议,报告关键绩效指标并更新对于重点举措的审查。团队将召开年会来更新重点战略管理体系、补偿体系、企业战略地图和综合积分卡、部门战略地图和关键绩效指标,确定绩效目标和预算,开发和调整年度运营计划。

一、高层领导团队的结构

由部长担任主席的高层领导团队将安排战略审查会议,用于讨论战略是否依照正常轨道执行,检测实施中出现的问题,提出行动建议并建议实现预定绩效的责任。常务秘书(高等教育)是主导和推动教育部教育战略规划(2012—2017)的唯一权力主体。

二、成功的关键因素

成功的关键因素是指确保公司或组织成功所必需的要素或活动。成功的关键因素代表着必须给予特别和持续关注才能取得良好绩效的管理或企业领域。成功的关键因素被视为一个组织或项目成功达成使命必需的要素。

教育部已经指出为了确保其战略规划成功的九大关键要素:

1. 持续而有效的实施和监控体系;
2. 强有力的社区支持;
3. 高效的沟通;
4. 充足的财政资源;
5. 充足的基础设施;
6. 明确的政策声明;
7. 有效的研究与规划;
8. 有效的领导;
9. 优秀忠诚的员工。

马来西亚

马来西亚高等教育行动规划(2007—2010)

迄今为止,高等教育部已经制定了3个重要的高等教育报告。它们分别是:

2005年7月,委员会提交的《关于研究、审查马来西亚高等教育发展与方向并提出建议的报告》;

2007年1月,《高等教育转型文件》;

2007年8月,《全国高等教育战略规划》。

第一份报告已呈送内阁,所有议会成员均可得到报告副本。

根据内阁建议,高等教育部组建委员会综合"第9个马来西亚规划"的相关要素和报告建议,在2007年1月发布了《高等教育转型文件》。

随后,高等教育部组建工作组,根据前2个报告以及与其他重要相关利益群体的磋商结果,制定了长期战略规划。工作组于2007年6月提交报告,为本行动规划奠定了基础。

《全国高等教育战略规划》概述了4个不同阶段的关键推动力:

第一阶段:奠定基础(2007—2010);

第二阶段:巩固和强化(2011—2015);

第三阶段:创造卓越(2016—2020);

第四阶段:荣耀和可持续发展(2020年以后)。

本行动规划概述了第一阶段需要奠定的基础以及在"第9个马来西亚规划"期间需要实现的先决条件。这些行动将为实现这3个高等教育报告设想和预期的高等教育长期规划所需系统变革奠定基础。

一、引言

马来西亚迫切需要高等教育转型。这些变革要求必须成功地将长期战略规划转化为紧密协调的行动。马来西亚整个国家的未来经济、社会和精神福祉取决于本次转型。

长远来看,马来西亚已经明确未来经济的发展不能再依赖于外国直接资本投资的低成本的劳动密集型产业。要在变革的市场条件下保持竞争力,就必须形成较高的增值能力,以此提高我国在全球价值链上的地位。这不仅将推动我国吸引更具增值价值的知识密集型投资,同时也可以使我国向其他市场输出自有产品和服务创新。

在这一进程中必须重视高等教育的重要性——今天它被发达和发展中国家视为制定国家政策时需要考量的重要因素。这些努力的成果是显而易见的。

例如,高技能的IT和软件工程毕业生已然成为诸如离岸外包和业务流程外包之类的新兴行业的基石,每年带来数十亿林吉特的收入。发展和吸引人力资本,把生成的知识运用到商业中,满足世界的需求,可为国家创造源源不断的财富。马来西亚力求在生物技术、生命科学、纳米技术和空间科学等特定的新兴领域取得成功。假以时日,马来西亚的研究人员有望走在新技术的前沿,为国家的社会经济进步做出贡献。

这一转型规划的目标是促进整体人力资本的发展,产出在智力上活跃、具有创造力和创新精神、为人正直、适应力强、具有批判思维能力的马来西亚人。典型的人力资本也需要全面发展的个体,可以欣赏人类追求,例如艺术、文化、体育和志愿服务等。这一进程将营造个体发展必需的环境以发现和全面实现个体的潜能。

对于这一工作,我们必须依靠人力资本的生产者和系统社会变革的促成者。马来西亚高等教育包括技能培训、职业培训、入学考试和大学教育,这些分别隶属于不同的部门和政府机构。

为了积极转型,本行动规划的范围只覆盖直属于高等教育部的组织和机构。为了提高高等教育体系的转型成效和整体产出,需要其他部门与政府机构的积极参与和合作。

高等教育部已将营造高等教育环境视作自己的使命,以此推动学术和机构的发展。这个广泛的政策目标适用于高等教育部下属的所有公立和私立机构。但是,由于高等教育部直接负责公立机构的运营,并考察其表现,公立机构将是转型的主体。私立机构将继续在政策与目标上接受高等教育部的指导,并将参与一些转型举措,例如评级、学术绩效审计和领导力培训等。

概括说来,马来西亚在推动高等教育民主化和大众化方面已经取得了显著的成功;提高高等教育入学率使我们在均衡发展方面取得了世界级的成功。但是,为了满足新的全球挑战的需求,确保质量仍是高等教育的主要关注点。

二、行动规划的内容

基于广泛讨论以及与相关利益者磋商,我们形成了明确的共识,即必须实施重要的系统性变革以推动国家高等教育的发展。

正是在这一背景下,高等教育部完成了《全国高等教育战略规划》。这个文件详细阐述了马来西亚高等教育部从现在到 2020 年及以后关于高等教育转型的愿景。该规划广泛而全面地涵盖了高等教育的各方面,既包括新举措也囊括现行项目。在这个报告中,高等教育部概述了 7 大战略推动力的核心内容:

1. 扩大入学范围和提高公平性。
2. 改善教与学的质量。
3. 提高研究与创新能力。
4. 培育高等教育机构。
5. 推动国际化。
6. 推广终身学习。
7. 强化高等教育部的传递系统。

为了在"第9个马来西亚规划"期间实施,高等教育部也要制定《高等教育行动规划》,用于重视新举措以及突出提高高等教育质量这一关键点。

这是高等教育转型过程中各阶段一系列短期行动规划的第一步。高等教育部将进行中期审查,确保行动规划的实施重点突出且有效。这也将指导高等教育部为"第10个马来西亚规划"制定下一个行动规划。

三、战略配合

本行动规划来源于2个主要的全国发展规划和2个演讲。

在2020年愿景中,第6个挑战是建立科学进步的社会,具有创新性和前瞻性的社会——这样的社会不仅是科技的消费者,更是我们未来科技进步的贡献者。

"第9个马来西亚规划"的第5个战略重点是高度重视总理所关注的人力资本发展问题。"国家使命"明确了5个推动国家进步与繁荣的领域:

1. 提升经济在价值链上的地位。
2. 提高知识和创新的能力以培育拥有良好心态的人才。
3. 积极且有效地解决长期存在的社会经济不平等问题。
4. 提高马来西亚人民的生活质量,并确保其可持续发展。
5. 加强机构能力和实施能力。

总理也提醒,马来西亚人民需要"发展必需的一流人力资本,这样国家才能实现智力上的自给自足且积极参与全球竞争,尤其是在发展新理论与新方法方面"。

总理在《从现在开始马来西亚的五十年》这一演讲中进一步深化了这一愿景:"独立后的一百年将见证这个社会、这个国家不可思议的成就。我们将拥有诺贝尔奖得主、真正的跨国公司、受推崇的市场领先品牌、国际知名的诗人和艺术家,拥有科学专利数量步入世界行列。我们的学生和教授将在常春藤大学占据重要位置,我们自己的大学将成为国际学者的向往之地。"

鉴于以上原因,高等教育部试图加强我国高等教育机构的基础,并采取必要行动提高我国高等教育体系产出一流人力资本的整体能力。

这不仅需要高等教育部内所有相关利益者的积极参与,也要确保国家教育传递途径的持续发展。同样,高等教育部和教育部将建立联合委员会,共同协调高等教育部行动规划和教育部教育蓝图。

四、马来西亚高等教育现状

实质上,在过去的三十年里,马来西亚在高等教育民主化方面取得了极大成功,向社会输送了大批合格的毕业生,很好地满足了经济快速发展期间的人力需求。

这一成绩证明马来西亚高等教育能力不断提高,从建国初于1961年创建的第一所大学——马来西亚大学——到2007年,马来西亚已经拥有20所公立大学,32所私立大学和大学学院,4所国外大学的分校,21所多科技术学院,37所公立社区学院和485所私立学院。

政府也通过建立全国高等教育基金公司,向在公立、私立高等教育机构攻读文凭和学位课程的学生提供低息的助学贷款,以此推动高等教育发展。自1997年全面启动至2006年,全国高等教育基金公司已经帮助了896 500名学生,令他们有机会在高等教育机构深造。下一个更大的挑战是如何向他们提供"世界一流"的教育。

"毕业即失业"的现象许多国家都会发生,导致这一现象的因素有很多,诸如经济增长放缓、行业间不可预期的需求变化、市场需求与高等教育机构产出之间比例失调等。纵然完全指责高等教育机构是不准确的,本规划还是考虑到了这个问题。

为了提高毕业生的就业能力,高等教育机构应该发挥更大的作用,并重点关注全体毕业生的语言能力和批判性思维。

对于专业课程,诸如医学、法学、会计学和工程学等,应专注于与国际接轨,并加强与行业、相关专业团体间的合作。对于修读艺术和人文学科内普通课程的学生,应根据其兴趣和可用资源在这些学生毕业后引入职业培训课程。

我们也将逐步发展成为国际教育中心。通过吸引世界各地的学生,我们可以将多样的视角、文化、知识引入高等教育机构。

而且,人力资本发展不只是大学和大学学院的任务。社区学院、多科技术学院和私立学院也要发展工作领域迫切需要的重要技能。

我们也正在努力通过开放大学和社区学院推动马来西亚终身学习的发展。2007年2月,社区学院被重塑为终身学习中心,并且通过与各行业的密切合作,为各级文凭课程制定了许多新的贴合学习者工作性质的学习方法。

五、转型目标与方法

教育的目的是全面发展人的性格与能力,获取特定技能,挖掘智力、身体和精神上的潜能,以及培育人力资本。

2006年3月,在制定"第9个马来西亚规划"期间,总理强调:"应促进优质人力资本的发展。方法必须周全,重点关注科学、技术和创业领域知识、技能、智力资本的发展。同时,我们必须培育先进且具有较高道德和伦理价值的文化。这正是培养具有一流心理素质的人力资本的含义所在。"

基于此,高等教育部根据知识、个人和人际关系等品质形成了预期人力资本的概貌。预期人力资本的模板见表1:

表1　　　　　　　　拥有一流心理素质的人力资本的品质

知识品质	个人品质	人际关系品质
掌握核心课程和应用知识的能力	目标导向:主动、自主、自律、自信、灵活、上进,具有竞争力	有能力的沟通者和有效的发言人
掌握马来语、英语和至少一门其他语言	智力参与:创造性、革新和批判性思维能力	能够与人联系,并与各级人员相处融洽

(续表)

知识品质	个人品质	人际关系品质
通过终身学习始终保持对知识的热情	学习能力强,适应性强且富有灵活性	能够在个人生活和工作建立人脉,进而实现目标
了解时事,并有极大的兴趣	创业精神	具有领导天赋
欣赏艺术、文化和体育	为人正直	善于团队合作
良好的分析和解决问题的能力	踏实	
了解商业和管理原则及技术	富有同情心和爱心(参与志愿服务和社会服务)	

当然,并非所有毕业生都能够在毕业时在所有方面均表现优异。然而,高等教育机构必须致力于准备教学资源、改进课程和系统、重组学习流程,以将这些品质赋予所有学生。

为了使它更具实际操作性,高等教育机构可以根据其使命、章程和学生的学习水平着重强调某些品质。高等教育机构必须帮助个人奠定坚实的基础,确保每个学生可以终身不断获取或提高这些品质。

因此,预期的人力资本不可能凭空产生。总理呼吁教育改革,通过彻底的转型获取期望的变化。只有通过这一过程我们才能够革新高等教育,以帮助个体获得优秀的品质。

我们都知道何谓卓越的高等教育机构。它们拥有大量的思想领袖,富于创造力,其学者在世界各地广受欢迎。它们与政治领袖、行业领袖和全世界的知识分子关系密切。

这类大学和学院正是马来西亚能够且必须拥有的。产出人力资本是所有高等教育机构存在的意义。其他因素均从属于这一使命。国家兴衰依赖于其人力资源以及产出人力资源机构的质量。

为了实现上述目标,适当的激励、立法、政策和治理框架必须落实到位。

六、提升的方法

提升的方法具有实现国家使命,尤其是产出预期人力资本这一战略价值。

必须洞悉两个具有争议的观点之间潜在的利益冲突。首先,必须满足社会经济弱势群体的高等教育需求。其次,国家在竞争激烈的环境中开拓进取,具有国际竞争力势在必行。提升的方法主张国家可在不牺牲任一目标的情况下实现这两个目标。

为了解决这个问题,《关于研究、审查马来西亚高等教育发展与方向并提出建议的报告》提议:

"事实上,对本国来说,最好的办法是通过不断升级取得进步,这与我们所倡导的'平衡动态法'如出一辙。委员会认为提升战略将使弱势群体受益,同时向所有马来西亚人提供追求发展和卓越的机会。提升战略,秉持实现卓越和关注弱势这样两个目标,恰好体现了委员会所倡导的实现教育民主化这个目标。这一模式没有任何歧视,因为它向所有马来西亚人提供教育,不论其学术能力如何。它并未阻碍学习较好学生的进步。相反,它给他们提供了更多的渠道挖掘其学术和智力潜能。它也可以发现学习能力较低学生的需求。"

一系列战略将被采用。制度战略将解决高等教育机构的核心支柱问题,而"重要议程"则会彻底振兴马来西亚高等教育,为未来奠定坚实的基础。

七、战略

(一)制度支柱:加强机构

本规划的第一部分详述了一套"制度支柱",主要是高等教育部辅助高等教育机构尤其是新近建立、欠发展高等教育机构的举措。这部分关注强大的高等教育机构必需的5个重要支柱。

治理、领导力、学术、教学、研究与开发是关键领域。如果我们期望未来几年为高等教育体系的振兴奠定坚实基础,就必须解决这些问题。

(二)重要议程:推动系统变革

伴随这些支柱,提升战略也需要设计专门用于解决高等教育体系转型的"重要议程"。

它力求马来西亚获得与强大对手竞争所需要的优势。它还帮助就业困难的毕业生获得职业培训和补贴,鼓励行业积极参与高等教育项目,安排学生到特定行业实习,支持企业与高等教育机构之间的合作,为学生谋取各种福利。

(三)议程的实施方式与时间

高等教育部的长期战略规划共包括4个阶段。前3个阶段到2020年,以最终的目标、推动力和战略为基础。第4个阶段是2020年以后,本质上说更多的是一种雄心壮志,它主要根据前3个阶段的实现状况以及2020年面临的新挑战来确定。

本行动规划是在"第9个马来西亚规划"期间全国高等教育发展的主要方案。高等教育部将采用项目和方案管理方面的最佳做法,确保所有转型活动的成功实施,并监测规划的颁布实施。

虽然会有一些即时成效,但其需要最少3年以上的酝酿期。高等教育部将实施中期审查,确保规划实施始终保持针对性和有效性。这也将指导高等教育部为"第10个马来西亚规划"制定下一个行动规划。

每个阶段的目标成果将有助于下一阶段的成功,逐步累计实现第4个阶段所强调的成果,这些在总理提出的马来西亚2057年的期望中已做了概述。

第一部分　制度支柱:加强机构

一、治理支柱

(一)任务

目前,在马来西亚高等教育部的管理范围内共有 20 所正规公立大学、21 所多科技术学院和 37 所公立社区学院。公立大学进一步分为 4 所研究型大学、4 所综合型大学和 12 所重点大学。此外,还有 32 所私立大学和大学学院、4 所外国大学的分校、485 所在高等教育部监督下提供一系列学术和职业课程的私立学院。

治理支柱的范围仅适用于公立高等教育机构,主要是公立大学。私立高等教育机构独立运营,较少受到高等教育部的干预。然而,同样也鼓励它们参照本行动规划所列的治理原则,以帮助它们获得类似的绩效水平。

目前,公立高等教育机构 90% 的经费来自政府,其他经费来自学生学费。2007 年,政府花费 60 亿林吉特用于资助公立高等教育机构的运营预算。

由于隶属于政府且接受政府资助,所以公立高等教育机构必须确保它们的战略目标与高等教育部相一致。高等教育部致力于促使这些高等教育机构更具活力、竞争力且可以接受变革的世界带来的挑战。顶尖高等教育机构的一个特征是具有吸引和留住优秀学者的能力,这些学者可以对前沿研究做出极大贡献。它们也培养能够在当代社会背景下获取和应用知识的毕业生。

政府承认要实现这些目标,必须给予高等教育机构更大的自治和问责权力。

关于大学管理改革,政府建立了立法框架,用于向大学下放行政权力。根据《大学和大学学院法》(1996 年修订),大学理事会将被各自的大学董事会取代。但是,这一修订尚未达到预期目的。

目前的行政实践既不实际也缺乏战略性。大学董事会仍行使大学理事会的职能,并未获得真正董事会的地位或权力。可能需要进一步的立法修订以重新定位大学董事会的职能。

大学董事会将遵从与企业相同的治理原则。例如,可以采纳《提高董事会效率》绿皮书的部分做法。

这本书中的三个主要部分高度适用于大学董事会:
1.组建一个高效能的董事会。
2.确保董事会的有效运作和互动。
3.履行董事会的基本职能和责任。

转型后的大学董事会应是积极的,连同大学管理部门,负责制定战略指示,管理机构绩效和风险,发展后备领导以及大学领导的聘用、连任和解聘。

随着治理结构的改革,目前选定区域内的自治将由高等教育部转移到各高等教育机构内部。在过渡阶段,高等教育部将监测所有高等教育机构,以便协助它们掌握自己的发展方向。

(二)预期结果

1. 明确界定董事会、校长和评议会的职责。这些职责将相互制衡,且必须坚持。

2. 通过采用高等教育部战略规划框架,加强对董事会的问责。这也将确保高等教育机构的发展与国家目标相一致。

3. 随着自主权扩大,在董事会的监督下,公立高等教育机构必须在领导、绩效和经费方面承担更大的职责。

二、领导力支柱

(一)任务

为了实现政府预期的高等教育转型,高等教育机构领导层的作用至关重要。

要形成领导力支柱,高等教育部认为以下内容非常重要:

1. 明确和界定高等教育机构内必需的领导角色。

2. 将选拔、发展、评价和更新流程制度化。

3. 建立人才管道(推荐和接班计划)。

在实施治理的过程中,董事会、校长和评议会的行政职责必须明确界定。除此之外,为了实现预期成果,必须拥有杰出的教育领导者,重要的领导职责应赋予校长或院长。

为实现这一转型规划,这些领导者必须全面理解机构的职能,确定机构的愿景与使命,团结各界,实现甚至超越预期目标。

在实施阶段,高等教育机构领导者必须承认核心业务和支持功能转移的重要性。尤其对于顶尖大学来说,研发商业化和筹款等职能必须予以重视,因为它们是获得大量非政府经费的可行机会。这一努力的成功取决于确认必需的重要功能,支持和发展各级主要工作人员来推动变革。

这一变革路径的长期可持续发展取决于关键领导流程,即选拔、发展、评价和更新的制度化。

选拔流程必须确保校长为顶级专业人士。他们必须极具竞争力,专注于实现战略目标。

他们必须拥有具备领导力的证书和履历,并获得关键利益相关者的认可。

校长这一职位未必都是内部晋升的。这是一个开放性的职位,以确保为这一职位选取最优秀的候选人。与这一政策相一致,当校长任期即将结束时,应选拔一个独立面试官小组并推荐候选人。预计这将发展成为通过公共广告进行的选拔过程。

董事会与高等教育部在为大学校长和高级管理人员制定和监测关键绩效指标方面将发挥更为积极的作用。

公立高等教育机构董事会的选拔过程也必须根据新的治理支柱的要求进行调整。随着自主权和期望值的增加，董事会必须履行实现高等教育机构目标和捍卫政府利益双重目标。行业代表也将有助于开拓新的视角并辅助经费和合作活动。

领导力发展过程将是确认差距、通过提供必要的培训和引进来自著名机构的最好实践来支持转型的有效方式。为此，政府将制定具体的行动方案帮助公立、私立高等教育机构的领导者解决他们可能面临的具体问题，包括董事会效率、调整战略规划、收益管理、研发商业化和文化变革。为了实现这些目的，新的高等教育领导力学院将于2007年底成立。

必须开发客观的评价过程以确保对转型过程进行问责。关键绩效指标必须基于转型目标，考量社会凝聚力和长期的可持续发展性。

在提升的背景下，所有领导者的重要工作是提高机构质量。每个机构所面临的挑战是不同的，一些机构需要达到世界级水平，而其他机构的任务则是大众化的和提高高等教育的质量。

如果领导者难以实现预定目标，他们就要有所准备，继续完成事业。

如果要实施合适的接班计划，并且保证整个领导过程能平稳执行，就必须及早确定未来的领导者，并到高等教育领导力学院学习相关课程。经验丰富的领导人员将进入领导通道，一旦有需要，他们将到其他高等教育机构接受更大的挑战。

(二)预期结果

1. 只能任命最好的、可能的高等教育机构领导者候选人。成功的候选人必须完全理解和接受国家期望。

2. 必须根据他所领导的机构，对高等教育机构领导者的绩效进行连续性评价，以确保保持最高的标准。所有高等教育机构领导者也必须根据国际标准进行记录评价。

3. 目前和未来的高等教育机构领导者必须在领导力建设方面接受进一步的专业培训。

三、学术支柱

(一)任务

学术人员决定了高等教育机构的卓越程度，这些人员将塑造我们的学生。为了产出一流人力资本，需要进一步提升这些人员的专业水平。因此，每个高等教育机构必须营造可以培育卓越文化的环境，以吸引最有能力和积极性的员工。他们也必须通过加强与行业的联系以及通过各级交换项目加强国际交流，探寻充实当地学术环境的方法。

为打造卓越的文化，政府确定了以下几项主要任务：

1. 提升专业水平。
2. 提供专业发展和培训机会。
3. 对工作成绩予以奖励和认可。

2006年，公立高等教育机构共有超过20 000名讲师，其中约25％的人员拥有博士学位或同等学力。

政府的目标是到2010年将这一比例提高到60％。此外，政府已经实施了一些提升专业水平的措施，例如终身教授以及为教授职位设定更为严格的标准。

高等教育机构与主要的本地及跨国企业和顶级国际机构间更为密切的合作将有助于建设员工发展项目。这些项目将使公立、私立高等教育机构的员工受益，除此之外，还可能建立培训、合作研究、员工交流等项目。

除深化核心专长外，必须将文化变革和领导力项目制度化，以确保变革持续改善。对于突出的成就，应给予一定的奖励和认可。必须在地方和国家针对改善的各个领域引入其他的激励项目。

充分利用退休学术人员丰富的知识储备。这些人员也可以在培养年轻教职员工方面提供无偿的帮助。

职业发展和晋升将取决于不断展现的对于教学、研究的热情以及先前所列一流人力资本的品质与特征。

专业发展项目也将适用于非学术人员，以提高高等教育机构的行政及协助学术人员的水平。

(二)预期结果

1. 在公立高等教育机构学术人员内植入更多的专业文化。应有的认可、价值和奖励将通过职业发展的机会赋予表现最好的人员。

2. 学术人员个人发展机会将作为国家高等教育政策的一部分来提供。

3. 马来西亚学术人员定期在具有国际影响力的期刊上发表论文。

4. 因在学术研究和教学上日益突出，马来西亚现已成为一个国际教育中心，得到国际社会的广泛尊重。

四、教学支柱

(一)任务

我们必须培养自信且发展均衡的学生。虽然个人可能专攻某一领域，但其视野应通过其他经验来拓宽。

因此，高等教育部将引入覆盖所有学科的整体项目并聚焦于交流与创业技能。这个项目致力于帮助所有学生拓宽视野，使他们不只局限于所学专业。例如，医学、工程学和化学等专业学位的学生，将修读文化和哲学课程。同样地，人文学科的学生将攻读科学和技术基础以及信息通信技术。

为了推动国家的进一步团结，应鼓励所有学生修读跨文化理解和多样性的课程。但是，授课形式将采用体验式而不是认知式，即课程教学将通过参与小组讨论完成。此外，学生将参与必修的课外活动，例如社区服务和体育活动，以发展学生的领导力、团队合作精神及人际交往能力。

应设立动态相关课程，借助适当教学方法，确保机构的健康发展和强大实力。采用跨学科方法设计高等教育课程将有助于建构并激发创造力、革新力、领导力和创业能力。

课程也必须给予毕业生适当的技能，帮助他们在不断变化的市场竞争中占有优势。课程必须接受审查，且要及时清除不再具有相关性的课程。在课程开发和评价方面应加强同辈审查和行业合作。

高等教育的国际化也意味着我们要保持国际领先机构的水准。通过与著名学院和机构的正式合作，我们力图推动知识向我国转移。

虽然课程很重要，但教学同样关键。今天，我们期望高等教育机构的学术人员能够成为教学领域的主导者。虽然改革后的行政程序和卓越课程将帮助高等教育机构挖掘其真正的潜能，但教学人员构筑了这一转型的前线，必须重视革新授课形式。我们将鼓励采用革新的教学形式，例如主动学习或问题学习，以便促进交流、问题解决和自主学习技能的发展。

评价是教学的重要方面，所有学术人员必须掌握这方面的技能。好的教学必须跟随好的评价。评价的目标将是获取关于学生学习和理解一门课程程度的信息。

政府将制定政策鼓励所有高等教育机构学术人员获取和展现教学技能。作为第一步，高等教育部将起草面向大学讲师和教授的在职项目，用于提高他们在教育学科学和方法论方面的能力。

为了确保多种语言课程，第三门语言课程正在制定阶段。在世界语言中，学生可以选择汉语、阿拉伯语和法语课程。我们继续鼓励英语教学，尤其是科学、数学和技术科目。

学生在接受高等教育期间培养全球视野越来越重要。这将通过增加学生的流动和交换来实现。作为起步阶段，将面向优等生推出一项教育计划，为其提供至少一个学期在国外大学学习的机会。

在信息通信技术方面。高等教育部已经与主要的信息通信技术公司合作实施了几个提供认证的专业培训项目（包括培训讲师）。而后教师将他们获得的知识融入其各自所在高等教育机构的信息通信技术课程之中。这些项目的成功将为其他课程实施专业项目奠定基础。

此外，已经建立的马来西亚认证框架将用于保证高等教育质量。马来西亚认证框架重点关注教育产出。为了实施马来西亚认证框架，政府将建立马来西亚认证机构，以此取代全国认证委员会。

马来西亚认证框架将成为教育课程标准的参考。马来西亚认证机构也将在提高全国高等教育整体质量方面发挥作用。

(二)预期结果

1. 批判性思维、沟通技巧、出色的英语能力和娴熟的IT技能,应成为所有毕业生具备的基本能力,不论其所学专业是什么。

2. 所有教师应在专业领域展现其学术成就,在教学领域展现其专业水平和能力。

五、研究与开发支柱

(一)任务

研发上的成功对高等教育至关重要,这至少有3个原因:

1. 产出知识产权和创新,对于提高国家在全球价值链中的地位非常必要,而且它也会创造新的工作和机会。

2. 创造新的知识和有价值的新发现,对于推动马来西亚成为重要的教育中心至关重要。

3. 开发必需的人力资本,可以推动经济各领域的不断创新。

在联合国贸易发展委员会《世界投资报告(2005)》的创新能力指数排名上,马来西亚排在第60位。这个指数测量两个重要维度:技术活动和人力资本。

不管指数的局限以及2001年以来取得的成绩如何,如果马来西亚要实现工业化并完成"第9个马来西亚规划"确定的国家使命,必须采取更有力的行动。这些使命主要以人力资本、经费和国家协同创新体系为核心。

高等教育研发主要集中在2个重要方面:

1. 培养大量研究者、科学家和工程师。

2. 灌输正确的文化,确保研究的激情、奉献精神和承诺兑现。

科技与创新部《全国研究和发展调查(2006)》显示,2003年马来西亚每10 000名工人中约有21名工程师。为了培养足够数量的工程师,马来西亚不仅需要加强现有的培养方案,例如学术培训计划,还要分解博士学位课程。短期来说,它也需要吸引在国外工作的马来西亚工程师和国际人才到国内开展研究。长期来说,需要设计更具创意和战略性的方案。这一规划必须包括教育部、科技与创新部的支持。确认、引导和发展高级人才应从中等教育阶段展开。

除了增加数量以外,工程专业也必须更具吸引力。这对国家在特定科学技术领域处于世界前沿具有积极意义。

政府研究经费将在"第9个马来西亚规划"期间增加至GDP的1.5%。这比"第8个马来西亚规划"的0.49%增加了约2倍。但是,马来西亚还有很大的提升空间——例如,新加坡、韩国和日本等亚洲国家自2002年以来研发经费已达到GDP的2.15%~3.07%。研发经费应谨慎地用于战略目标领域。此外,也必须鼓励私营部门的研发支出,充分利用高等教育机构内可用的资源和能力。

为了提高研发产出,必须充分构想和实施全国创新体系框架。必须鼓励研究型大学、各类高等教育机构研发中心、公共研究机构和各行业建立联系,推动研发的商业化。

如果合适的话,也必须拓展国际合作和利用国际网络,确保更好的产出并吸引外国人才、研究机会和经费。

(二)预期结果

1. 每10 000名劳动力中有50名工程师。
2. 至少5%的研发工作被运用到商业领域。
3. 拥有享誉国际的研究型大学。
4. 5个世界著名的卓越学术研发中心。
5. 运转良好、繁荣且合作的国家创新体系,有助于有效配置资源、精准开展研究工作、实现研发和商业化价值链的一体化,以及找到全球合作伙伴,进入国际市场。

第二部分 重要议程:促进系统变革

一、顶尖大学

(一)任务

达到世界水平的一个重要方法是建立1~2所顶尖大学。顶尖大学是一个概念性的构建,在适当的时候它将成为最好的机构。顶尖大学将是全国学术研发中心。

根据世界顶尖机构的经验,应给予顶尖大学必要的资源以使其达到世界级水准。大学董事会包括优秀的专业人士,他们将全权负责机构的治理。董事会将实施严格的选拔程序,选择最好的人员担任大学的校长和其他领导职位。顶尖大学也需要根据学生的学业成绩和其他需要面试的整体标准选拔学生。但是,学生群体的构成应在不降低招生标准的情况下尽可能地体现国家的种族多样性。

教学人员是学术领域杰出的人员并承担教学职责。顶尖大学将从全球高等教育机构内最好的人员中选择管理人员和学术人员,给予其必要的酬劳以提升吸引力。作为学术研发中心,它将配备最好的设施,并通过严格的选拔过程引导学生群体,以促进学术卓越发展。

顶尖大学将提供更好的国家渠道确保优秀学生和教师留在本国高等教育机构内。

作为成功的先决条件,顶尖大学必须包含以下关键要素:

1. 最好的领导者。顶尖大学应由富于经验的领导者领导。他们是有远见、强烈动机和怀有学术理想的人员。他们是卓越的管理人员和行政人员,他们将引进人才适当地管理大学人事和其他资产。他们善于交流,可以使用英语,为人正直、诚实。他们是优秀的激励者,可以激发他人的超越精神。

2. 最好的教职人员。教职人员必须是各自学术领域内的著名人才。国内外学术人员的融合将有助于全球知识的注入。他们是好的教师和研究者,他们的课堂教学技能是富有激励性的。他们的研究是具有创造性和革新性的,旨在推动人类探究并进一步拓展知识的边界。

3.最好的学生。成绩将是进入顶尖大学不变的选拔标准。只有那些达到严格学术入学条件的学生才有可能获得在此学习的资格。在课程学习期间学生需要不断展现高的学术水准。学生选拔将反映国家的人口结构,应要促进国际学生的良性融合。

4.最好的设施。顶尖大学将拥有最好的设施。给予顶尖大学一流的设备设施,以加强教学过程和研发。

高等教育部将创建工作组,它包括国内外学者、大学和企业领导者、政府代表,他们共同致力于建立顶尖大学。工作组将在12个月内制定标准并根据机构现有优势和长期发展规划,在已有和新兴高等教育机构内确定候选名单。

(二)预期结果

1.在"第9个马来西亚规划"期间建立顶尖大学。

2.赋予顶尖大学自主权,以使其专注于成为最好的大学。

二、优秀人力资本

(一)任务

许多发展中国家和发达国家实施了政策和战略,产出科学技术领域的优质人力资本(博士学位)。一流人力资本是促进经济增长、推动工业发展以及探究保持国家经济优势的新的研究领域所必不可少的因素。

目前,应加强实施马来西亚产出人力资本的战略。过去,国家政策关注于扩大本科生招生人数。这与国家提高高等教育入学率的最高目标是一致的。

为了提高全球竞争力,马来西亚不能只依赖于基于外国商业组织科研项目的工业活动。因此,马来西亚必须大力发展本土研究能力,才能从中获益。

马来西亚必须加速产出博士学位的人力资本。只有马来西亚已经拥有必要的基础设施、一流的住宿学校培养优质学生,我们才有可能超越竞争对手。这样就有大批量的顶尖学生进入大学深造。

为了实现这些目标,我们将在未来15年内培养100 000名优质毕业生。这将有助于本计划的顺利推进。

(二)预期结果

1.到2010年,博士学位拥有者人数达到21 000人。

2.以下学科未来15年博士学位拥有者将迅速达到100 000人。

(1)60%博士学位拥有者在科学、技术和医学领域。

(2)20%博士学位拥有者在人文学科和应用文学领域。

(3)20%博士学位拥有者在其他专业领域。

三、学术绩效审计

(一)任务

高等教育部向高等教育机构下放部分权力,并不意味着高等教育部职责的缩减,作为政府的代表,它将是公立高等教育的重要利益相关者。为了监测质量,高等教育部随时对高等教育机构教学质量进行独立评估。为此,高等教育部将建立审计部,负责协调对公立、私立高等教育机构的评估。这个部门将只聚焦于学术审计。财政等非学术审计不属于该部门的职责范畴。

(二)预期结果

1. 简化所有高等教育机构质量评估程序,发展高等教育监测机制。
2. 创建高等教育等级体系,推动高等教育机构在机构类型内进行本国排名。

四、终身学习

(一)任务

终身学习是发达国家高度重视的一项政策,早在30年前它最先由经济合作与发展组织、联合国教科文组织和欧洲理事会提出。经济合作与发展组织政策概述了实施终身教育的重要原因,即全球化和科技变革的快速发展,工作和就业市场性质的改变,知识丰富者与知识匮乏者在接受教育方面的巨大差异。

政府承认采取行动对马来西亚这样的发展中国家尤为迫切,并对此采取了一些措施。目前,人们可以通过大量机构接受继续教育。仅在高等教育部的管辖范围内,成年学习者就可以进入以下任何机构学习,包括公立、私立大学,大学学院,开放大学,多科技术学院,社区学院和私立大学。

此外,其他政府机构还通过以下部门向公民提供教育和培训:企业家与合作发展部,农村与区域发展部,农业与农基工业部,妇女、家庭与社区发展部,文化、艺术与文化遗产部,青年与体育部,旅游部,卫生部等。

培训通常由以下机构提供:
1. 雇主、专业机构和贸易组织。
2. 非政府组织和民间社会团体。
3. 宗教组织。
4. 政党的附属机构。

但是,这些继续教育和培训的渠道难以满足马来西亚的人力资本发展需求。

马来西亚迫切需要一项清晰、连贯、全面的终身学习政策。在制定终身学习政策时,必须考虑以下内容:

1. 国家对于终身学习的愿景(定义、目标和战略),以便与马来西亚的社会经济目标相适应。

2.既要政府干预和鼓励,又要保持正规和非正规学习的多样性的优先领域。

3.符合人力资源需求。

4.明确需要积极参与的团体,例如农村和城市贫民、沙巴和沙捞越的马来西亚土著人社区、原住民和残疾人。

5.与政府各部门、机构、非政府组织、工商界、工会和专业机构建立有效的伙伴关系。

6.优质且弹性的学习认证规定,满足成年学习者的需求。

以下要素也需要考量:

1.可以确保职责明确、资源分配和管理、根据预先确定的时间表稳步发展的治理结构。

2.学习者群体和他们不同的教育和培训需求。

3.对创建面向特定目标群体的适当服务提供激励措施。

4.培育终身学习以及鼓励公民主导自身学习和终身管理自身学习的机制。

5.告知、激发和引导公民终身学习的方法。

6.公立、私立机构和培训机构未来的职责,合作推动政策的实施。

7.采用适宜的学习传递机制,例如远程学习和以信息技术为基础的学习。

8.学分转换、先前学习的认可和其他机制,以通过马来西亚资格框架促进认证。

9.向学习者和服务提供者提供经费和激励,以投资于终身学习。

政府将在确定本国的终身学习方向和管理终身学习的未来发展方面发挥至关重要的作用。

治理结构将致力于通过以下形式获得快速发展及长期可持续的成功:

1.建立全国终身学习委员会,该委员会隶属于全国教育和培训顾问委员会。这是确保全国被充分调动起来、接受指引并致力于创建知识型社会必需的一步。全国终身学习委员会需提交方案、所需资源、预期成果和目标以及关键绩效指标。

2.全国终身学习委员会将通过联邦一级政府的各类合作来运作。在州一级,它将通过建立州终身学习委员会来运作。这些州委员会将负责实施国家方案并在全国委员会的监督下运作。

3.委员会成员将由政府确定,但至少应由优秀的教育家领导。成员必须代表尽可能多的利益集团。

4.高等教育部将作为全国终身学习委员会的秘书处。

(二)预期结果

1.增加成年学习者人数,这样到2020年,33%的劳动力将拥有高等教育资格。

2.普及终身学习,支持国家人力资本发展需求。

3.农村和城市贫民、沙巴和沙捞越的马来西亚土著人、原住民和残疾人平等接受高等教育的替代路径。

五、研究生培养方案

(一)任务

研究生失业的问题部分源于对教育和培训在工作中的不同作用缺乏认识。虽然教育可以提供一般技能和好的工作导向,尤其是在建构积极态度的背景下,但特定职业技能仍需接受培训。

攻读教育内任一特定专业是个人权利。但是,攻读完所选专业后,学生还拥有额外机会获取专门的职业技能,以此为将来就业做准备。在大量技能领域中,学生可选择一门来学习。选定的领域应是学生的兴趣所在,也要与行业需求密切相关。

根据获得预期技能的课程周期,学生将修习以技能为基础的课程,此后其将毕业并获得行业认可的证书和文凭。行业参与课程设计、评估和认证至关重要。

必须要说明的是,从行业角度出发,提供给学生的课程通常可以分为两类:具有高交换价值及一定专业性的专业课程和普通课程。

专业课程与行业密切相关。医学、会计学和法学就是这类课程。毕业后,学生可以直接进入相关行业。

另一方面,例如历史、地理、哲学和文学等普通课程,可能未必与行业需求直接相关(教育机构除外)。修习普通课程的学生是这一项目的主要目标群体。

(二)预期结果

1.培训应通过具体方式与行业建立联系。
2.为提高学生的就业能力提供途径。
3.学生将有权提高自身的就业能力。政府将成为向毕业生提供培训机会的有效推动者。
4.成功的项目将为终身学习奠定基础。

第三部分 实施的辅助

一、高等教育部的转型

高等教育部充分致力于推动高等教育转型,以创造对马来西亚未来至关重要的一流人力资本。此处的"转型"是指高等教育部与高等教育机构之间的互动方式在理念上的总体转变。在过去,高等教育部更多的是充当政府政策的监管者和执行者。但在未来,在保留此角色的同时,会更强调其在加强高等教育生态系统方面的促进者作用。促进者不仅提供战略方向,还将提供必要的支持,以确保各机构的成功运行。

为此,在《全国高等教育战略规划》中,提高高等教育部的服务传递系统被视为关键的战略推动力。目前正在努力提高以下方面:

1.治理和管理:有效性和完整性。

2. 文化：专业、高效和团队合作。

3. 财政资源：有效配置以实现目标。

4. 人力资源：新、旧专长协同作用。

5. 信息结构：即时可用的信息和分析。

除了改进高等教育部的做法外，还将采用项目管理最佳实践为长期转型提供正确的领导和管理。以下部分将描述用于第一阶段转型的项目管理结构。随着我们进入下一阶段，治理结构也需相应调整。

二、项目治理

随着转型的不断推进，高等教育部将需要借助各种机制，确保正在进行的项目活动与战略方向保持一致。这些机制还将帮助高等教育部的管理人员评估项目进展，并在必要时调整其内容和方向。

为实现这些目标，我们的项目将使有效治理制度化，它是被这样界定的：

1. 对于一个项目来说，治理是三要素的综合：承担行政和管理角色的个人；被结构化的项目监督职能；确定管理原则和决策程序的政策。

2. 将这三大因素结合在一起，主要是为了提供指导和监督，以实现预期的结果。

这一规划需要大量的治理要素，包括：

1. 组织结构：将包括一个项目指导委员会、项目管理办公室、项目组织模式。

2. 角色：将包括部长级高级行政官、指导委员会成员、项目管理办公室主任和管理人员以及项目经理。

3. 机制：用于提供引导和方向，包括政策、治理原则、决策、权威规范、定期审查流程，并将用于确认和实施调整以确定实现预期成果。

一个项目的成功，需要正确的人员、有效的管理和监督结构、项目职责三方面的综合因素。项目职责将根据构想的目标来确定和建构。

三、项目结构

负责指导项目的个人以及负责监督活动的人员必须有组织且行动高效。指示和决策应该明确且充分沟通。

四、项目支持者

项目支持者将是所有者和项目主要受益者，他们负责实现转型规划中规定的预期成果。

五、指导委员会

由于这次转型不只影响高等教育部，因此需要建立指导委员会。像这样的大量方案需要治理机制，由此所有相关利益者代表可以在实现每个人的预期方向和成果方面达成一致。

进一步说，由于这一项目需要一个可以让代表提出问题并在达成一致意见基础上调整方向、资源或时间安排的论坛,因此需要建立指导委员会。

指导委员会包括其他部委、高等教育机构、企业和著名学者代表。他们的作用是监督项目进展,理解提出的问题和所做调整,在其组织内评估潜在影响,向各自支持者报告关于指导委员会决策的信息。

六、项目主任

通过项目的规划和实施,项目主任必须确保项目与高等教育部战略密切相关。由于内、外部事件会影响高等教育部的举措,项目必须有用于举措与战略之间保持联系及提供有效信息交换和必要调整的机制。

七、项目管理办公室

项目管理办公室将负责整体转型,并在高等教育部内引领项目管理能力的发展。4个操作单位将被创建,具体如下:

1. 项目传送单位将是协助项目组发展项目分析、设计、管理和审查方面内部能力的关键资源。这一单位资源的分配可根据优先级和可用性协助项目规划和实施。

2. 进程和监测单位将作为培训机构和咨询公司。它可以指导那些需要引导的人,并成为关于项目进程的信息来源。

3. 监测和报告单位。它协助审查和跟踪整合方案、利益实现、财政支出、生成报告和财务文件,以确保政策与实践的一致性。

4. 沟通单位将负责与各相关利益者的沟通。它将是项目交流方案的管理者,并负责确保相关利益者定期更新,以推动支持并将阻力最小化。

八、项目组

项目组将包括项目管理人员领导的特别小组。这些小组将负责实施特定重要项目方案的规划和设计。

项目组成员可能包括各个机构和组织的人员,也可以由指导委员会认可的咨询人员和专家予以增补。项目管理办公室的支持将用于确保项目的质量。

九、高等教育机构项目管理办公室

类似于部委一级的中央项目管理办公室,高等教育机构将组建小型项目管理办公室,用于帮助实施规划和项目执行。高等教育机构项目管理办公室将由机构转型的支持者领导,它将由从事该项目的5名成员组建的小组提供协助。

在个人项目的规划和设计阶段,高等教育机构项目管理办公室可能需要协助项目组进行访谈、获得数据和专业知识。中央项目管理办公室也将对组建和监测高等教育机构项目管理办公室提供帮助。

十、结论

人力资本发展是高等教育的最高使命。学术成就的激励、立法、政策和治理框架将帮助高等教育机构培养新一代马来西亚人，以便他们更为积极地参与全世界的竞争。

提升的方法应一视同仁：令优秀的学生有更大的进步空间，同时给那些成绩稍差的学生更多进步的机会。

虽然通过提升的方法可以满足大部分马来西亚人的需求，弱势群体的特殊需求长期以来却是被忽视的。这些群体的需求将是《马来西亚高等教育行动规划（2007—2010）》的战略重点。

与人力资本发展举措相一致，规划也强调高等教育生态系统内重要结构变革的需求。提供高等教育各方面发展所需基础设施至关重要，例如持续提供具有高度责任心、积极且合格的学术教职人员。

当全面实施时，本规划将为马来西亚高等教育革命奠定基础。这场革命不仅是可取的，而且对我们生存来说十分必要。

附　录

序

附录一

推动共建丝绸之路经济带
和21世纪海上丝绸之路的愿景与行动

国家发展改革委　外交部　商务部

（经国务院授权发布）

2015年3月28日

前　言

2000多年前,亚欧大陆上勤劳勇敢的人民,探索出多条连接亚欧非几大文明的贸易和人文交流通路,后人将其统称为"丝绸之路"。千百年来,"和平合作、开放包容、互学互鉴、互利共赢"的丝绸之路精神薪火相传,推进了人类文明进步,是促进沿线各国繁荣发展的重要纽带,是东西方交流合作的象征,是世界各国共有的历史文化遗产。

进入21世纪,在以和平、发展、合作、共赢为主题的新时代,面对复苏乏力的全球经济形势,纷繁复杂的国际和地区局面,传承和弘扬丝绸之路精神更显重要和珍贵。

2013年9月和10月,中国国家主席习近平在出访中亚和东南亚国家期间,先后提出共建"丝绸之路经济带"和"21世纪海上丝绸之路"（以下简称"一带一路"）的重大倡议,得到国际社会高度关注。中国国务院总理李克强参加2013年中国-东盟博览会时强调,铺就面向东盟的海上丝绸之路,打造带动腹地发展的战略支点。加快"一带一路"建设,有利于促进沿线各国经济繁荣与区域经济合作,加强不同文明交流互鉴,促进世界和平发展,是一项造福世界各国人民的伟大事业。

"一带一路"建设是一项系统工程,要坚持共商、共建、共享原则,积极推进沿线国家发展战略的相互对接。为推进实施"一带一路"重大倡议,让古丝绸之路焕发新的生机活力,以新的形式使亚欧非各国联系更加紧密,互利合作迈向新的历史高度,中国政府特制定并发布《推动共建丝绸之路经济带和21世纪海上丝绸之路的愿景与行动》。

一、时代背景

当今世界正发生复杂深刻的变化,国际金融危机深层次影响继续显现,世界经济缓慢复苏、发展分化,国际投资贸易格局和多边投资贸易规则酝酿深刻调整,各国面临的发展问题依然严峻。共建"一带一路"顺应世界多极化、经济全球化、文化多样化、社会信息化的潮流，秉持开放的区域合作精神，致力于维护全球自由贸易体系和开放型世界经济。共建"一带一路"旨在促进经济要素有序自由流动、资源高效配置和市场深度融合，推动沿线各国实现经济政策协调，开展更大范围、更高水平、更深层次的区域合作，共同打造开放、包容、均衡、普惠的区域经济合作架构。共建"一带一路"符合国际社会的根本利益，彰显人类社会共同理想和美好追求，是国际合作以及全球治理新模式的积极探索，将为世界和平发展增添新的正能量。

共建"一带一路"致力于亚欧非大陆及附近海洋的互联互通，建立和加强沿线各国互联互通伙伴关系，构建全方位、多层次、复合型的互联互通网络，实现沿线各国多元、自主、平衡、可持续的发展。"一带一路"的互联互通项目将推动沿线各国发展战略的对接与耦合，发掘区域内市场的潜力，促进投资和消费，创造需求和就业，增进沿线各国人民的人文交流与文明互鉴，让各国人民相逢相知、互信互敬，共享和谐、安宁、富裕的生活。

当前，中国经济和世界经济高度关联。中国将一以贯之地坚持对外开放的基本国策，构建全方位开放新格局，深度融入世界经济体系。推进"一带一路"建设既是中国扩大和深化对外开放的需要，也是加强和亚欧非及世界各国互利合作的需要，中国愿意在力所能及的范围内承担更多责任义务，为人类和平发展做出更大的贡献。

二、共建原则

恪守联合国宪章的宗旨和原则。遵守和平共处五项原则，即尊重各国主权和领土完整、互不侵犯、互不干涉内政、和平共处、平等互利。

坚持开放合作。"一带一路"相关的国家基于但不限于古代丝绸之路的范围，各国和国际、地区组织均可参与，让共建成果惠及更广泛的区域。

坚持和谐包容。倡导文明宽容，尊重各国发展道路和模式的选择，加强不同文明之间的对话，求同存异、兼容并蓄、和平共处、共生共荣。

坚持市场运作。遵循市场规律和国际通行规则，充分发挥市场在资源配置中的决定性作用和各类企业的主体作用，同时发挥好政府的作用。

坚持互利共赢。兼顾各方利益和关切，寻求利益契合点和合作最大公约数，体现各方智慧和创意，各施所长，各尽所能，把各方优势和潜力充分发挥出来。

三、框架思路

"一带一路"是促进共同发展、实现共同繁荣的合作共赢之路，是增进理解信任、加强全方位交流的和平友谊之路。中国政府倡议，秉持和平合作、开放包容、互学互鉴、互利共赢的理念，全方位推进务实合作，打造政治互信、经济融合、文化包容的利益共同体、命运共同体和责任共同体。

"一带一路"贯穿亚欧非大陆，一头是活跃的东亚经济圈，一头是发达的欧洲经济圈，中间广大腹地国家经济发展潜力巨大。丝绸之路经济带重点畅通中国经中亚、俄罗斯至欧洲（波罗的海）；中国经中亚、西亚至波斯湾、地中海；中国至东南亚、南亚、印度洋。21世纪海上丝绸之路重点方向是从中国沿海港口过南海到印度洋，延伸至欧洲；从中国沿海港口过南海到南太平洋。

根据"一带一路"走向，陆上依托国际大通道，以沿线中心城市为支撑，以重点经贸产业园区为合作平台，共同打造新亚欧大陆桥、中蒙俄、中国－中亚－西亚、中国－中南半岛等国际经济合作走廊；海上以重点港口为节点，共同建设通畅安全高效的运输大通道。中巴、孟中印缅两个经济走廊与推进"一带一路"建设关联紧密，要进一步推动合作，取得更大进展。

"一带一路"建设是沿线各国开放合作的宏大经济愿景，需各国携手努力，朝着互利互惠、共同安全的目标相向而行。努力实现区域基础设施更加完善，安全高效的陆海空通道网络基本形成，互联互通达到新水平；投资贸易便利化水平进一步提升，高标准自由贸易区网络基本形成，经济联系更加紧密，政治互信更加深入；人文交流更加广泛深入，不同文明互鉴共荣，各国人民相知相交、和平友好。

四、合作重点

沿线各国资源禀赋各异，经济互补性较强，彼此合作潜力和空间很大。以政策沟通、设施联通、贸易畅通、资金融通、民心相通为主要内容，重点在以下方面加强合作。

政策沟通。加强政策沟通是"一带一路"建设的重要保障。加强政府间合作，积极构建多层次政府间宏观政策沟通交流机制，深化利益融合，促进政治互信，达成合作新共识。沿线各国可以就经济发展战略和对策进行充分交流对接，共同制定推进区域合作的规划和措施，协商解决合作中的问题，共同为务实合作及大型项目实施提供政策支持。

设施联通。基础设施互联互通是"一带一路"建设的优先领域。在尊重相关国家主权和安全关切的基础上，沿线国家宜加强基础设施建设规划、技术标准体系的对接，共同推进国际骨干通道建设，逐步形成连接亚洲各次区域以及亚欧非之间的基础设施网络。强化基础设施绿色低碳化建设和运营管理，在建设中充分考虑气候变化影响。

抓住交通基础设施的关键通道、关键节点和重点工程，优先打通缺失路段，畅通瓶颈路段，配套完善道路安全防护设施和交通管理设施设备，提升道路通达水平。推进建立统一的全程运输协调机制，促进国际通关、换装、多式联运有机衔接，逐步形成兼容规范的运输规则，实现国际运输便利化。推动口岸基础设施建设，畅通陆水联运通道，推进港口合作建设，增加海上航线和班次，加强海上物流信息化合作。拓展建立民航全面合作的平台和机制，加快提升航空基础设施水平。

加强能源基础设施互联互通合作，共同维护输油、输气管道等运输通道安全，推进跨境电力与输电通道建设，积极开展区域电网升级改造合作。

共同推进跨境光缆等通信干线网络建设，提高国际通信互联互通水平，畅通信息丝绸之路。加快推进双边跨境光缆等建设，规划建设洲际海底光缆项目，完善空中（卫星）

信息通道,扩大信息交流与合作。

贸易畅通。投资贸易合作是"一带一路"建设的重点内容。宜着力研究解决投资贸易便利化问题,消除投资和贸易壁垒,构建区域内和各国良好的营商环境,积极同沿线国家和地区共同商建自由贸易区,激发释放合作潜力,做大做好合作"蛋糕"。

沿线国家宜加强信息互换、监管互认、执法互助的海关合作,以及检验检疫、认证认可、标准计量、统计信息等方面的双多边合作,推动世界贸易组织《贸易便利化协定》生效和实施。改善边境口岸通关设施条件,加快边境口岸"单一窗口"建设,降低通关成本,提升通关能力。加强供应链安全与便利化合作,推进跨境监管程序协调,推动检验检疫证书国际互联网核查,开展"经认证的经营者"(AEO)互认。降低非关税壁垒,共同提高技术性贸易措施透明度,提高贸易自由化便利化水平。

拓宽贸易领域,优化贸易结构,挖掘贸易新增长点,促进贸易平衡。创新贸易方式,发展跨境电子商务等新的商业业态。建立健全服务贸易促进体系,巩固和扩大传统贸易,大力发展现代服务贸易。把投资和贸易有机结合起来,以投资带动贸易发展。

加快投资便利化进程,消除投资壁垒。加强双边投资保护协定、避免双重征税协定磋商,保护投资者的合法权益。

拓展相互投资领域,开展农林牧渔业、农机及农产品生产加工等领域深度合作,积极推进海水养殖、远洋渔业、水产品加工、海水淡化、海洋生物制药、海洋工程技术、环保产业和海上旅游等领域合作。加大煤炭、油气、金属矿产等传统能源资源勘探开发合作,积极推动水电、核电、风电、太阳能等清洁、可再生能源合作,推进能源资源就地就近加工转化合作,形成能源资源合作上下游一体化产业链。加强能源资源深加工技术、装备与工程服务合作。

推动新兴产业合作,按照优势互补、互利共赢的原则,促进沿线国家加强在新一代信息技术、生物、新能源、新材料等新兴产业领域的深入合作,推动建立创业投资合作机制。

优化产业链分工布局,推动上下游产业链和关联产业协同发展,鼓励建立研发、生产和营销体系,提升区域产业配套能力和综合竞争力。扩大服务业相互开放,推动区域服务业加快发展。探索投资合作新模式,鼓励合作建设境外经贸合作区、跨境经济合作区等各类产业园区,促进产业集群发展。在投资贸易中突出生态文明理念,加强生态环境、生物多样性和应对气候变化合作,共建绿色丝绸之路。

中国欢迎各国企业来华投资。鼓励本国企业参与沿线国家基础设施建设和产业投资。促进企业按属地化原则经营管理,积极帮助当地发展经济、增加就业、改善民生,主动承担社会责任,严格保护生物多样性和生态环境。

资金融通。资金融通是"一带一路"建设的重要支撑。深化金融合作,推进亚洲货币稳定体系、投融资体系和信用体系建设。扩大沿线国家双边本币互换、结算的范围和规模。推动亚洲债券市场的开放和发展。共同推进亚洲基础设施投资银行、金砖国家开发银行筹建,有关各方就建立上海合作组织融资机构开展磋商。加快丝路基金组建运营。深化中国-东盟银行联合体、上合组织银行联合体务实合作,以银团贷款、银行授信等方式开展多边金融合作。支持沿线国家政府和信用等级较高的企业以及金融机构在中国境内发行人民币债券。符合条件的中国境内金融机构和企业可以在境外发行人民币债券和外币债券,鼓励在沿线国家使用所筹资金。

加强金融监管合作,推动签署双边监管合作谅解备忘录,逐步在区域内建立高效监管协调机制。完善风险应对和危机处置制度安排,构建区域性金融风险预警系统,形成应对跨境风险和危机处置的交流合作机制。加强征信管理部门、征信机构和评级机构之间的跨境交流与合作。充分发挥丝路基金以及各国主权基金作用,引导商业性股权投资基金和社会资金共同参与"一带一路"重点项目建设。

民心相通。民心相通是"一带一路"建设的社会根基。传承和弘扬丝绸之路友好合作精神,广泛开展文化交流、学术往来、人才交流合作、媒体合作、青年和妇女交往、志愿者服务等,为深化双多边合作奠定坚实的民意基础。

扩大相互间留学生规模,开展合作办学,中国每年向沿线国家提供1万个政府奖学金名额。沿线国家间互办文化年、艺术节、电影节、电视周和图书展等活动,合作开展广播影视剧精品创作及翻译,联合申请世界文化遗产,共同开展世界遗产的联合保护工作。深化沿线国家间人才交流合作。

加强旅游合作,扩大旅游规模,互办旅游推广周、宣传月等活动,联合打造具有丝绸之路特色的国际精品旅游线路和旅游产品,提高沿线各国游客签证便利化水平。推动21世纪海上丝绸之路邮轮旅游合作。积极开展体育交流活动,支持沿线国家申办重大国际体育赛事。

强化与周边国家在传染病疫情信息沟通、防治技术交流、专业人才培养等方面的合作,提高合作处理突发公共卫生事件的能力。为有关国家提供医疗援助和应急医疗救助,在妇幼健康、残疾人康复以及艾滋病、结核、疟疾等主要传染病领域开展务实合作,扩大在传统医药领域的合作。

加强科技合作,共建联合实验室(研究中心)、国际技术转移中心、海上合作中心,促进科技人员交流,合作开展重大科技攻关,共同提升科技创新能力。

整合现有资源,积极开拓和推进与沿线国家在青年就业、创业培训、职业技能开发、社会保障管理服务、公共行政管理等共同关心领域的务实合作。

充分发挥政党、议会交往的桥梁作用,加强沿线国家之间立法机构、主要党派和政治组织的友好往来。开展城市交流合作,欢迎沿线国家重要城市之间互结友好城市,以人文交流为重点,突出务实合作,形成更多鲜活的合作范例。欢迎沿线国家智库之间开展联合研究、合作举办论坛等。

加强沿线国家民间组织的交流合作,重点面向基层民众,广泛开展教育医疗、减贫开发、生物多样性和生态环保等各类公益慈善活动,促进沿线贫困地区生产生活条件改善。加强文化传媒的国际交流合作,积极利用网络平台,运用新媒体工具,塑造和谐友好的文化生态和舆论环境。

五、合作机制

当前，世界经济融合加速发展，区域合作方兴未艾。积极利用现有双多边合作机制，推动"一带一路"建设，促进区域合作蓬勃发展。

加强双边合作，开展多层次、多渠道沟通磋商，推动双边关系全面发展。推动签署合作备忘录或合作规划，建设一批双边合作示范。建立完善双边联合工作机制，研究推进"一带一路"建设的实施方案、行动路线图。充分发挥现有联委会、混委会、协委会、指导委员会、管理委员会等双边机制作用，协调推动合作项目实施。

强化多边合作机制作用，发挥上海合作组织（SCO）、中国-东盟"10+1"、亚太经合组织（APEC）、亚欧会议（ASEM）、亚洲合作对话（ACD）、亚信会议（CICA）、中阿合作论坛、中国-海合会战略对话、大湄公河次区域（GMS）经济合作、中亚区域经济合作（CAREC）等现有多边合作机制作用，相关国家加强沟通，让更多国家和地区参与"一带一路"建设。

继续发挥沿线各国区域、次区域相关国际论坛、展会以及博鳌亚洲论坛、中国-东盟博览会、中国-亚欧博览会、欧亚经济论坛、中国国际投资贸易洽谈会，以及中国-南亚博览会、中国-阿拉伯博览会、中国西部国际博览会、中国-俄罗斯博览会、前海合作论坛等平台的建设性作用。支持沿线国家地方、民间挖掘"一带一路"历史文化遗产，联合举办专项投资、贸易、文化交流活动，办好丝绸之路（敦煌）国际文化博览会、丝绸之路国际电影节和图书展。倡议建立"一带一路"国际高峰论坛。

六、中国各地方开放态势

推进"一带一路"建设，中国将充分发挥国内各地区比较优势，实行更加积极主动的开放战略，加强东中西互动合作，全面提升开放型经济水平。

西北、东北地区。发挥新疆独特的区位优势和向西开放重要窗口作用，深化与中亚、南亚、西亚等国家交流合作，形成丝绸之路经济带上重要的交通枢纽、商贸物流和文化科教中心，打造丝绸之路经济带核心区。发挥陕西、甘肃综合经济文化和宁夏、青海民族人文优势，打造西安内陆型改革开放新高地，加快兰州、西宁开发开放，推进宁夏内陆开放型经济试验区建设，形成面向中亚、南亚、西亚国家的通道、商贸物流枢纽、重要产业和人文交流基地。发挥内蒙古联通俄蒙的区位优势，完善黑龙江对俄铁路通道和区域铁路网，以及黑龙江、吉林、辽宁与俄远东地区陆海联运合作，推进构建北京—莫斯科欧亚高速运输走廊，建设向北开放的重要窗口。

西南地区。发挥广西与东盟国家陆海相邻的独特优势，加快北部湾经济区和珠江—西江经济带开放发展，构建面向东盟区域的国际通道，打造西南、中南地区开放发展新的战略支点，形成21世纪海上丝绸之路与丝绸之路经济带有机衔接的重要门户。发挥云南区位优势，推进与周边国家的国际运输通道建设，打造大湄公河次区域经济合作新高地，建设成为面向南亚、东南亚的辐射中心。推进西藏与尼泊尔等国家边境贸易和旅游文化合作。

沿海和港澳台地区。利用长三角、珠三角、海峡西岸、环渤海等经济区开放程度高、经济实力强、辐射带动作用大的优势,加快推进中国(上海)自由贸易试验区建设,支持福建建设21世纪海上丝绸之路核心区。充分发挥深圳前海、广州南沙、珠海横琴、福建平潭等开放合作区作用,深化与港澳台合作,打造粤港澳大湾区。推进浙江海洋经济发展示范区、福建海峡蓝色经济试验区和舟山群岛新区建设,加大海南国际旅游岛开发开放力度。加强上海、天津、宁波-舟山、广州、深圳、湛江、汕头、青岛、烟台、大连、福州、厦门、泉州、海口、三亚等沿海城市港口建设,强化上海、广州等国际枢纽机场功能。以扩大开放倒逼深层次改革,创新开放型经济体制机制,加大科技创新力度,形成参与和引领国际合作竞争新优势,成为"一带一路"特别是21世纪海上丝绸之路建设的排头兵和主力军。发挥海外侨胞以及香港、澳门特别行政区独特优势作用,积极参与和助力"一带一路"建设。为台湾地区参与"一带一路"建设做出妥善安排。

内陆地区。利用内陆纵深广阔、人力资源丰富、产业基础较好优势,依托长江中游城市群、成渝城市群、中原城市群、呼包鄂榆城市群、哈长城市群等重点区域,推动区域互动合作和产业集聚发展,打造重庆西部开发开放重要支撑和成都、郑州、武汉、长沙、南昌、合肥等内陆开放型经济高地。加快推动长江中上游地区和俄罗斯伏尔加河沿岸联邦区的合作。建立中欧通道铁路运输、口岸通关协调机制,打造"中欧班列"品牌,建设沟通境内外、连接东中西的运输通道。支持郑州、西安等内陆城市建设航空港、国际陆港,加强内陆口岸与沿海、沿边口岸通关合作,开展跨境贸易电子商务服务试点。优化海关特殊监管区域布局,创新加工贸易模式,深化与沿线国家的产业合作。

七、中国积极行动

一年多来,中国政府积极推动"一带一路"建设,加强与沿线国家的沟通磋商,推动与沿线国家的务实合作,实施了一系列政策措施,努力收获早期成果。

高层引领推动。习近平主席、李克强总理等国家领导人先后出访20多个国家,出席加强互联互通伙伴关系对话会、中阿合作论坛第六届部长级会议,就双边关系和地区发展问题,多次与有关国家元首和政府首脑进行会晤,深入阐释"一带一路"的深刻内涵和积极意义,就共建"一带一路"达成广泛共识。

签署合作框架。与部分国家签署了共建"一带一路"合作备忘录,与一些毗邻国家签署了地区合作和边境合作的备忘录以及经贸合作中长期发展规划。研究编制与一些毗邻国家的地区合作规划纲要。

推动项目建设。加强与沿线有关国家的沟通磋商,在基础设施互联互通、产业投资、资源开发、经贸合作、金融合作、人文交流、生态保护、海上合作等领域,推进了一批条件成熟的重点合作项目。

完善政策措施。中国政府统筹国内各种资源,强化政策支持。推动亚洲基础设施投资银行筹建,发起设立丝路基金,强化中国-欧亚经济合作基金投资功能。推动银行卡清算机构开展跨境清算业务和支付机构开展跨境支付业务。积极推进投资贸易便利化,推进区域通关一体化改革。

发挥平台作用。各地成功举办了一系列以"一带一路"为主题的国际峰会、论坛、研讨会、博览会,对增进理解、凝聚共识、深化合作发挥了重要作用。

八、共创美好未来

共建"一带一路"是中国的倡议,也是中国与沿线国家的共同愿望。站在新的起点上,中国愿与沿线国家一道,以共建"一带一路"为契机,平等协商,兼顾各方利益,反映各方诉求,携手推动更大范围、更高水平、更深层次的大开放、大交流、大融合。"一带一路"建设是开放的、包容的,欢迎世界各国和国际、地区组织积极参与。

共建"一带一路"的途径是以目标协调、政策沟通为主,不刻意追求一致性,可高度灵活,富有弹性,是多元开放的合作进程。中国愿与沿线国家一道,不断充实完善"一带一路"的合作内容和方式,共同制定时间表、路线图,积极对接沿线国家发展和区域合作规划。

中国愿与沿线国家一道,在既有双多边和区域次区域合作机制框架下,通过合作研究、论坛展会、人员培训、交流访问等多种形式,促进沿线国家对共建"一带一路"内涵、目标、任务等方面的进一步理解和认同。

中国愿与沿线国家一道,稳步推进示范项目建设,共同确定一批能够照顾双多边利益的项目,对各方认可、条件成熟的项目抓紧启动实施,争取早日开花结果。

"一带一路"是一条互尊互信之路,一条合作共赢之路,一条文明互鉴之路。只要沿线各国和衷共济、相向而行,就一定能够谱写建设丝绸之路经济带和 21 世纪海上丝绸之路的新篇章,让沿线各国人民共享"一带一路"共建成果。

附录二

教育部关于印发
《推进共建"一带一路"教育行动》的通知

教外〔2016〕46号

各省、自治区、直辖市教育厅(教委),各计划单列市教育局,新疆生产建设兵团教育局,部属各高等学校,部内各司局、各直属单位:

为贯彻落实中办、国办《关于做好新时期教育对外开放工作的若干意见》和国家发展改革委、外交部、商务部经国务院授权发布的《推动共建丝绸之路经济带和21世纪海上丝绸之路的愿景与行动》,我部牵头制订了《推进共建"一带一路"教育行动》,并已经国家教育体制改革领导小组会议审议通过。现印发给你们,请结合实际认真贯彻执行。

教育部
2016年7月13日

推进共建"一带一路"教育行动

推进共建"丝绸之路经济带"和"21世纪海上丝绸之路"(以下简称"一带一路"),为推动区域教育大开放、大交流、大融合提供了大契机。"一带一路"沿线国家教育加强合作、共同行动,既是共建"一带一路"的重要组成部分,又为共建"一带一路"提供人才支撑。中国愿与沿线国家一道,扩大人文交流,加强人才培养,共同开创教育美好明天。

一、教育使命

教育为国家富强、民族繁荣、人民幸福之本,在共建"一带一路"中具有基础性和先导性作用。教育交流为沿线各国民心相通架设桥梁,人才培养为沿线各国政策沟通、设施联通、贸易畅通、资金融通提供支撑。沿线各国唇齿相依,教育交流源远流长,教育合作前景广阔,大家携手发展教育,合力推进共建"一带一路",是造福沿线各国人民的伟大事业。

中国将一以贯之地坚持教育对外开放,深度融入世界教育改革发展潮流。推进"一带一路"教育共同繁荣,既是加强与沿线各国教育互利合作的需要,也是推进中国教育改革发展的需要,中国愿意在力所能及的范围内承担更多责任义务,为区域教育大发展做出更大的贡献。

二、合作愿景

沿线各国携起手来,增进理解、扩大开放、加强合作、互学互鉴,谋求共同利益、直面共同命运、勇担共同责任,聚力构建"一带一路"教育共同体,形成平等、包容、互惠、活跃的教育合作态势,促进区域教育发展,全面支撑共建"一带一路",共同致力于:

推进民心相通。开展更大范围、更高水平、更深层次的人文交流,不断推进沿线各国人民相知相亲。

提供人才支撑。培养大批共建"一带一路"急需人才,支持沿线各国实现政策互通、设施联通、贸易畅通、资金融通。

实现共同发展。推动教育深度合作、互学互鉴,携手促进沿线各国教育发展,全面提升区域教育影响力。

三、合作原则

育人为本,人文先行。加强合作育人,提高区域人口素质,为共建"一带一路"提供人才支撑。坚持人文交流先行,建立区域人文交流机制,搭建民心相通桥梁。

政府引导,民间主体。沿线国家政府加强沟通协调,整合多种资源,引导教育融合发展。发挥学校、企业及其他社会力量的主体作用,活跃教育合作局面,丰富教育交流内涵。

共商共建,开放合作。坚持沿线国家共商、共建、共享,推进各国教育发展规划相互衔接,实现沿线各国教育融通发展、互动发展。

和谐包容,互利共赢。加强不同文明之间的对话,寻求教育发展最佳契合点和教育合作最大公约数,促进沿线各国在教育领域互利互惠。

四、合作重点

沿线各国教育特色鲜明、资源丰富、互补性强、合作空间巨大。中国将以基础性、支撑性、引领性三方面举措为建议框架,开展三方面重点合作,对接沿线各国意愿,互鉴先进教育经验,共享优质教育资源,全面推动各国教育提速发展。

(一)开展教育互联互通合作

加强教育政策沟通。开展"一带一路"教育法律、政策协同研究,构建沿线各国教育政策信息交流通报机制,为沿线各国政府推进教育政策互通提供决策建议,为沿线各国学校和社会力量开展教育合作交流提供政策咨询。积极签署双边、多边和次区域教育合作框架协议,制定沿线各国教育合作交流国际公约,逐步疏通教育合作交流政策性瓶颈,实现学分互认、学位互授联授,协力推进教育共同体建设。

助力教育合作渠道畅通。推进"一带一路"国家间签证便利化,扩大教育领域合作交流,形成往来频繁、合作众多、交流活跃、关系密切的携手发展局面。鼓励有合作基础、相同研究课题和发展目标的学校缔结姊妹关系,逐步深化拓展教育合作交流。举办沿线国家校长论坛,推进学校间开展多层次多领域的务实合作。支持高等学校依托学科优势专业,建立产学研用结合的国际合作联合实验室(研究中心)、国际技术转移中心,共同应对经济发展、资源利用、生态保护等沿线各国面临的重大挑战与机遇。打造"一带一路"学术交流平台,吸引各国专家学者、青年学生开展研究和学术交流。推进"一带一路"优质教育资源共享。

促进沿线国家语言互通。研究构建语言互通协调机制,共同开发语言互通开放课程,逐步将沿线国家语言课程纳入各国学校教育课程体系。拓展政府间语言学习交换项目,联合培养、相互培养高层次语言人才。发挥外国语院校人才培养优势,推进基础教育多语种师资队伍建设和外语教育教学工作。扩大语言学习国家公派留学人员规模,倡导沿线各国与中国院校合作在华开办本国语言专业。支持更多社会力量助力孔子学院和孔子课堂建设,加强汉语教师和汉语教学志愿者队伍建设,全力满足沿线国家汉语学习需求。

推进沿线国家民心相通。鼓励沿线国家学者开展或合作开展中国课题研究,增进沿线各国对中国发展模式、国家政策、教育文化等各方面的理解。建设国别和区域研究基地,与对象国合作开展经济、政治、教育、文化等领域研究。逐步将理解教育课程、丝路文化遗产保护纳入沿线各国中小学教育课程体系,加强青少年对不同国家文化的理解。加强"丝绸之路"青少年交流,注重利用社会实践和志愿服务、文化体验、体育竞赛、创新创业活动和新媒体社交等途径,增进不同国家青少年对其他国家文化的理解。

推动学历学位认证标准连通。推动落实联合国教科文组织《亚太地区承认高等教育资历公约》,支持教科文组织建立世界范围学历互认机制,实现区域内双边多边学历学位关联互认。呼吁各国完善教育质量保障体系和认证机制,加快推进本国教育资历框架开发,助力各国学习者在不同种类和不同阶段教育之间进行转换,促进终身学习社会建设。共商共建区域性职业教育资历框架,逐步实现就业市场的从业标准一体化。探索建立沿线各国教师专业发展标准,促进教师流动。

(二)开展人才培养培训合作

实施"丝绸之路"留学推进计划。设立"丝绸之路"中国政府奖学金,为沿线各国专项培养行业领军人才和优秀技能人才。全面提升来华留学人才培养质量,把中国打造成为深受沿线各国学子欢迎的留学目的地国。以国家公派留学为引领,推动更多中国学生到沿线国家留学。坚持"出国留学和来华留学并重、公费留学和自费留学并重、扩大规模和提高质量并重、依法管理和完善服务并重、人才培养和发挥作用并重",完善全链条的留学人员管理服务体系,保障平安留学、健康留学、成功留学。

实施"丝绸之路"合作办学推进计划。有条件的中国高等学校开展境外办学要集中优势学科,选好合作契合点,做好前期论证工作,构建人才培养模式、运行管理模式、服务当地模式、公共关系模式,使学校顺利落地生根、开花结果。发挥政府引领、行业主导作用,促进高等学校、职业院校与行业企业深化产教融合。鼓励中国优质职业教育配合高铁、电信运营等行业企业走出去,探索开展多种形式的境外合作办学,合作设立职业院校、培训中心,合作开发教学资源和项目,开展多层次职业教育和培训,培养当地急需的各类"一带一路"建设者。整合资源,积极推进与沿线各国在青年就业培训等共同关心领域的务实合作。倡议沿线国家之间开展高水平合作办学。

实施"丝绸之路"师资培训推进计划。开展"丝绸之路"教师培训,加强先进教育经验交流,提升区域教育质量。加强"丝绸之路"教师交流,推动沿线各国校长交流访问、教师及管理人员交流研修,推进优质教育模式在沿线各国互学互鉴。大力推进沿线各国优质教学仪器设备、教材课件和整体教学解决方案输出,跟进教师培训工作,促进沿线各国教育资源和教学水平均衡发展。

实施"丝绸之路"人才联合培养推进计划。推进沿线国家间的研修访学活动。鼓励沿线各国高等学校在语言、交通运输、建筑、医学、能源、环境工程、水利工程、生物科学、海洋科学、生态保护、文化遗产保护等沿线国家发展急需的专业领域联合培养学生,推动联盟内或校际教育资源共享。

(三)共建丝路合作机制

加强"丝绸之路"人文交流高层磋商。开展沿线国家双边多边人文交流高层磋商,商定"一带一路"教育合作交流总体布局,协调推动沿线各国建立教育双边多边合作机制、教育质量保障协作机制和跨境教育市场监管协作机制,统筹推进"一带一路"教育共同行动。

充分发挥国际合作平台作用。发挥上海合作组织、东亚峰会、亚太经合组织、亚欧会议、亚洲相互协作与信任措施会议、中阿合作论坛、东南亚教育部长组织、中非合作论坛、中巴经济走廊、孟中印缅经济走廊、中蒙俄经济走廊等现有双边多边合作机制作用,增加教育合作的新内涵。借助联合国教科文组织等国际组织力量,推动沿线各国围绕实现世界教育发展目标形成协作机制。充分利用中国-东盟教育交流周、中日韩大学交流合作促进委员会、中阿大学校长论坛、中非高校20+20合作计划、中日大学校长论坛、中韩大学校长论坛、中俄大学联盟等已有平台,开展务实教育合作交流。支持在共同区域、有合作基础、具备相同专业背景的学校组建联盟,不断延展教育务实合作平台。

实施"丝绸之路"教育援助计划。发挥教育援助在"一带一路"教育共同行动中的重要作用,逐步加大教育援助力度,重点投资于人、援助于人、惠及于人。发挥教育援助在"南南合作"中的重要作用,加大对沿线国家尤其是最不发达国家的支持力度。统筹利用国家、教育系统和民间资源,为沿线国家培养培训教师、学者和各类技能人才。积极开展优质教学仪器设备、整体教学方案、配套师资培训一体化援助。加强中国教育培训中心和教育援外基地建设。倡议各国建立政府引导、社会参与的多元化经费筹措机制，通过国家资助、社会融资、民间捐赠等渠道，拓宽教育经费来源，做大教育援助格局，实现教育共同发展。

开展"丝路金驼金帆"表彰工作。对于在"一带一路"教育合作交流和区域教育共同发展中做出杰出贡献、产生重要影响的国际人士、团队和组织给予表彰。

五、中国教育行动起来

中国倡导沿线各国建立教育共同体，聚力推进共建"一带一路"，首先需要中国教育领域和社会各界率先垂范、积极行动。

加强协调推动。加强国内各部门各地方的统筹协调工作，有序开展"一带一路"教育合作交流。推动中国教育治理体系完善、相关法律法规修订和教育综合改革，提升中国开展"一带一路"教育行动的质量和水平。教育部与国家发展改革委、外交部、商务部等部门和全国性行业组织紧密配合，围绕共建"一带一路"大局，寻找合作重点、建立运行保障机制，畅通教育国际合作交流渠道，对接沿线各国教育发展战略规划。

地方重点推进。突出地方推进共建"一带一路"的主体性、支撑性和落地性，要求各地发挥区位优势和地方特色，抓紧制订本地教育和经济携手走出去行动计划，紧密对接国家总体布局。有序与沿线国家地方政府建立"友好省州""姊妹城市"关系，做好做实彼此间人文交流。充分利用地方调配资源优势，积极搭建海内外平台，促进校企优势互补、良性合作、共同发展。多措并举，支持指导本地教育系统与"一带一路"沿线国家广泛开展合作交流，打造教育合作交流区域高地，助力做强本地教育。

各级学校有序前行。各级各类学校秉承"己欲立而立人"的中国传统，有序与沿线各国学校扩大合作交流，整合优质资源走出去，选择优质资源引进来，兼容并包、互学互鉴，共同提升教育国际化水平和服务共建"一带一路"能力。中小学校要广泛建立校际合作交流关系，重点开展师生交流、教师培训和国际理解教育。高等学校、职业院校要立足各自发展战略和本地区参与共建"一带一路"规划，与沿线各国开展形式多样的合作交流，重点做好完善现代大学制度、创新人才培养模式、提升来华留学质量、优化境外合作办学、助推企业成长等各项工作的协同发展。

社会力量顺势而行。开展更大范围、更深层次、更高水平的"一带一路"教育民间合作交流，吸纳更多民间智慧、民间力量、民间方案、民间行动。大力培育和发展我国非营利组织，通过购买服务、市场调配等举措，大力支持社会机构和专业组织投身教育对外开放事业，活跃民间教育国际合作交流。加快推动教学仪器和中医诊疗服务走出去步伐，支持企业和个人按照市场规则依法参与中外合作办学、合作科研、涉外服务等教育对外开放活动。企业要积极与学校合作走出去，联合开展人才培养、科技创新和成果转化，积极服务"一带一路"国家经贸发展。

助力形成早期成果。实施高度灵活、富有弹性的合作机制，优先启动各方认可度高、条件成熟的项目,明确时间节点,争取短期内开花结果。2016年,各省市制订并呈报本地"一带一路"教育行动计划,有序推进教育互联互通、人才培养培训及丝路合作机制建设。2017年,基于三方面重点合作的沿线各国教育共同行动深入开展。未来3年,中国每年面向沿线国家公派留学生2500人;未来5年,建成10个海外科教基地,每年资助1万名沿线国家新生来华学习或研修。

六、共创教育美好明天

独行快,众行远。合作交流是沿线各国共建"一带一路"教育共同体的主要方式。通过教育合作交流,培养高素质人才,推进经济社会发展,提高沿线各国人民生活福祉,是我们共同的愿望。通过教育合作交流,扩大人文往来,筑牢地区和平基础,是我们共同的责任。

中国愿与沿线各国一道,秉持开放合作、互利共赢理念,共同构建多元化教育合作机制,制订时间表和路线图,推动弹性化合作进程,打造示范性合作项目,满足各方发展需要,促进共同发展。

中国教育部倡议沿线各国积极行动起来,加强战略规划对接和政策磋商,探索教育合作交流的机制与模式,增进教育合作交流的广度和深度,追求教育合作交流的质量和效益,互知互信、互帮互助、互学互鉴,携手推动教育发展,促进民心相通,构建"一带一路"教育共同体,共创人类美好生活新篇章。

后 记

本书是张德祥教授主持的中国高等教育学会高等教育科学研究"十三五"规划重大攻关课题"'一带一路'国家高等教育政策法规研究"(16ZG003)的研究成果。

本书由张德祥教授和李枭鹰教授负责总体的规划、设计和架构,确定编译的主旨与核心。本书主要是对已有研究成果重新进行翻译、校对、编审和整理而成的。本书的出版凝结了众人的智慧与汗水,其中《新加坡教育法》《新加坡私立教育法》《菲律宾高等教育法》《菲律宾2015年全民教育:实施与挑战》《文莱教育部战略规划(2012—2017)》主要摘选自王喜娟编译出版的《新加坡、菲律宾、文莱高等教育政策法规》。《文莱教育法》由王喜娟根据第一手资料,翻译、整理而成;《马来西亚高等教育行动规划(2007—2010)》由王喜娟根据第一手资料,节选、翻译和整理而成。全书最后由王喜娟负责统稿和定稿。

本书的出版得到了中国高等教育学会、大连理工大学出版社的大力支持,课题组在此深表感谢!

课题组